초등학교 선생님들이 들려주는
세상을 바라보는 공정한 눈

초등학교 선생님들이 들려주는

세상을 바라보는 공정한 눈

과학·윤리·세계시민·경제·사회·예술

권유지, 이연화, 조선순, 최문희 지음 | 박시원 그림

여우고개

프롤로그

세상이 궁금한 아이들을 위해
준비했어요

예전에는 텔레비전 채널이 몇 개였는지 알고 있나요?

여러분의 부모님께서 어렸을 때, 텔레비전 채널이 몇 개였는지 알고 있나요? 한 10개 정도 되었을까 짐작할지 모르지만 그것보다 더 적었습니다. '설마?'라는 생각이 들면 어른들께 정말로 여쭤보세요. 예전에는 몇 개 되지 않는 텔레비전 채널과 책, 신문, 잡지를 통해 정보를 얻었습니다. 그러나 요즘은 너무나 많은 텔레비전 채널, 책, 신문, 잡지뿐만 아니라 유튜브 동영상, SNS, 검색 포털 등을 통해 정보를 쉽게 얻을 수도 있고, 줄 수도 있습니다.

이 세상엔 정보가 너무 많습니다

끝도 없이 돌아가는 텔레비전 채널처럼 정보가 넘쳐납니다. 한때 지식이라고 불리는 것들도 10년이 채 되지 않아 옛것이 되어버립니다. 새롭게 지식을 만들어내는 것도 중요하지만, 지식을 스타일링 하는 것도 중요합니다. 옷장에 가득 들어 있는 옷 중에서 가장 어울리고 필요한 옷을 골라 입는 것처럼, 쏟아지는 지식 중 가장 적절한 지식을 골라내는 요령이 필요합니다.

지금 이 순간에도 끊임없이 변화가 일어납니다

학교에 가지 않고 수업을 듣는 것을 상상해보았나요? 2019년도에는 코로나-19로 인해 모든 학교가 문을 닫고 원격 수업을 했습니다. 코로나-19는 선생님들에게도 큰 혼란이었어요. 처음 겪는 원격 수업을 어떻게 준비하고 진행해야 할지 몰랐으니까요. 교육계의 대혼란 상황에서도 발 빠르게 움직이는 선생님들이 있었어요. 이런 선생님들은 다른 선생님께 원격 수업을 어떻게 하는지 가르쳐주었습니다. 그런 준비된 선생님들에겐 코로나-19 시대가 또 다른 기회의 시간이 되었어요.

위기를 기회로 바라보는 사람들이 있습니다

위기를 기회로 바라보는 사람들은 어떤 사람들일까요? 바로 끊임없이 궁금해하고 답을 찾아가는 사람들이에요. 이런 사람들은 세상을 바라보는 또 다른 눈을 가지고 있습니다. 이 눈은 세상의 위기와 어려움 앞에서 내가 해야 할 일과 내가 서 있을 자리를 똑똑히 볼 수 있는 눈입니다. 어려움 앞에서 흔들리지 않도록 세상을 해석하는 눈이 남다른 것입니다.

새로운 변화 앞에서 굳건하고 따뜻하게 설 수 있는 어린이들이 되어야 합니다

세상은 어른만의 것이 아니에요. 우리 어린이들도 나름의 생각으로 느끼고 판단합니다. "나중에 크면 알게 돼. 어린이들은 몰라도 돼." 이런 말은 세상의 주인으로 어린이를 바라보는 게 아니에요. 어린이도 지금 당장 알아야 해요.

어린이의 바른 성장과 삶에 대한 따뜻한 시선을 위한 길잡이가 되어줍니다

세상의 주인인 어린이들이 삶을 따뜻하게 바라보고 바르게 나아갈 수 있도록 《초등학교 선생님들이 들려주는 세상을 바라보는 공정한 눈》을 썼어요. 이 책은 어린이들이 세상을 위기가 아닌 기회로 바라볼 수 있는 눈을 뜨게 해줄 것이라 기대합니다.

어린이들의 궁금증으로 시작한 책입니다

4명의 초등학교 선생님들이 어린이들이 궁금해하는 것에 대해 이야기를 해주는 책입니다. 지금 이 시대 어린이들의 입에서 나올 만한 궁금한 내용을 주제에 따라 묶었습니다. 간혹 주제와 어울리지 않은 궁금증이 있을 수 있으나, 책을 끝까지 읽어보면 그 안에 담긴 진실을 마주할 수 있습니다.

이 책은 정답이 아닙니다

세상은 몇 쪽의 글로 정답을 찾을 수 있을 만큼 단순하지 않아요. 이 책을 읽으면서 어린이들은 계속 생각을 하게 될 겁니다. '이게 맞나?', '나는 이게 옳다고 생각하는데?' 이런 생각들이 여러분을 바른 길로 나아가게 할 겁니다. 마지막 판단은 여러분께 맡

깁니다.

이 책은 다양한 이야기를 담았습니다

융합인재교육, 범교과 학습 주제, 민주시민교육, 디지털리터러시 함양교육, 생태감수성교육 등 많은 것이 녹아 있는 책입니다. 그렇지만 어렵지 않습니다. 다양한 사례와 친절한 설명이 함께합니다. 교과서에 다 담지 못한 내용이 여기에는 담겨 있습니다. 교과서를 공부하다가 궁금한 게 생기면 이 책을 펼쳐보세요.

여러분들을 응원합니다

세상의 중심에서 바르게 서 있는 든든함을 가지길 바라는 최문희 선생님과 세상을 품어주는 따뜻한 마음을 가지길 바라는 이연화 선생님과 세상을 이끄는 용기를 가지길 바라는 조선순 선생님과 세상을 이해하는 빛나는 지혜를 가지길 바라는 권유지 선생님이 여러분을 응원합니다!

차례

프롤로그 세상이 궁금한 아이들을 위해 준비했어요 • 4

1. 지구를 살피는 똑똑한 눈 _ 과학

동물학대 똥을 먹는다고요? • 12
뇌과학 뇌 크기에 따라 지능의 차이가 있을까요? • 24
🔍 **인물탐구** 이 시대의 뇌과학자 _ 양현정 • 36

2. 옳음을 따지는 바른 눈 _ 윤리

양심 사람을 때린 사람과 맞고 쓰러진 사람을 보고도
　　　신고하지 않은 사람, 누가 더 나쁜 건가요? • 44
자유와 책임 기호식품인 담배, 흡연자들이 자유롭게 필 방법은
　　　없을까요? • 56
🔍 **인물탐구** 이 시대의 의사 _ 김영진 • 68

3. 세계를 향하는 넓은 눈 _ 세계시민

나눔 왜 음식을 남기면 안 되나요? • 76
공평과 평등 '노키즈존No Kids Zone'은 필요할까요? • 89
🔍 **인물탐구** 이 시대의 선교사 _ 채원일, 최정미 • 102

4. 경제를 파헤치는 날카로운 눈 _ 경제

마케팅 타이어 회사 '미쉐린'에서 왜 식당 및 여행 안내책을
만들었을까요? •108

투자와 투기 영끌해서 주식을 사는 이유는 무엇일까요? •121

🔍 **인물탐구** 이 시대의 금융인 _ 이정원 •132

5. 사회를 감싸안는 다정한 눈 _ 사회

자기 행동에 대한 책임 촉법소년은 어떤 아이들인가요? •140

로봇이 가질 수 없는 창의성 미래에 로봇이 대체할 수 없는 직업에는
어떤 것이 있을까요? •149

🔍 **인물탐구** 이 시대의 로봇공학자 _ 최홍수 •160

6. 사랑을 표현하는 맑은 눈 _ 예술

장인정신 한 분야의 장인들이 존경받아야 하는 이유는 뭘까요? •168

아름다움 사람들은 미술관에 왜 가는 걸까요? •176

🔍 **인물탐구** 이 시대의 예술가 _ 채보미 •184

지구를 살피는 똑똑한 눈

1

과학

동물학대

똥을 먹는다고요?

?

Q 똥을 먹는다고요?

> 우리 엄마는 커피를 엄청 좋아하신답니다. 엄마 친구분께서 외국여행을 다녀오시면서 고양이 똥으로 만든 커피를 선물로 주셨대요. 똥으로 만든 커피를 먹을 수 있다고요? 냄새 나는 똥을 어떻게 먹어요? 으악, 똥을 돈 주고 사 먹는다고요?

똥은 사람이나 동물이 소화를 하고 난 나머지 음식이 찌꺼기 형태로 항문을 통해 몸 밖으로 배출되는 것을 말합니다. 그런데, 이 똥으로 만든 최고급 커피가 있다고 하네요. '세계 3대 똥 커피'를 들어보았나요? 바로 인도네시아의 사향 고양이 똥 커피인 '루왁 커피', 베트남의 사향 족제비 똥 커피인 '위즐 커피', 태국의 코끼리 똥 커피인 '블랙 아이보리 커피'인데요. 한 잔엔 3~5만 원까지 한다고 합니다. 이 똥 커피가 도대체 무엇이길래 유명해졌는지 알아볼까요?

> **커피 Coffee**
>
> 커피나무에서 생두를 수확해, 가공공정을 거쳐 볶은 후 한 가지 혹은 두 가지 이상의 원두를 섞어 추출해 마시는 음료입니다. 많은 사람들이 다양한 종류를 즐기는 음료이지만, 특히 카페인 성분이 포함되어 있어 어른들에게 인기입니다. 다만 어린이들은 마시지 않는 것이 좋습니다.

죽기 전에 마시고 싶은 루왁 커피

2007년 개봉된 미국 영화인 〈버킷 리스트: 죽기 전에 꼭 하고 싶은 것들〉에서 주인공 잭 니콜슨이 죽기 전에 마시고 싶은 음료로 '루왁 커피'를 꼽고 나서 똥 커피가 유명해졌어요. 루왁 커피의 향은 카라멜과 초콜릿 향이 섞여 있고, 어른들이 마시는 일반 커피보다 쓴맛이 덜하고, 신맛과 달콤한 맛이 조화를 이루며 깊은 맛을 내는 것으로 알려져 있어요. 그리고 세계에서 가장 비싼 커피라고 해요. 〈버킷 리스트〉 영화 속에서 잭 니콜슨이 루왁 커피를 즐겨 마셨고, 세계에서 가장 비싼 커피가 바로 사향 고양이의

영화 〈버킷 리스트〉 속 루왁 커피

똥에서 나왔다는 증명서를 읽고 친구 모건 프리먼이 서로 박장대소하는 장면이 나오면서 유명하게 되었답니다.

세계 3대 똥 커피: 루왁 커피, 위즐 커피, 블랙 아이보리 커피

인도네시아에 살고 있는 사향 고양이_{루왁, Luwak}는 아주 예민한 감각을 가지고 있어요. 잘 익은 커피체리만 쏙쏙 골라 먹은 후 과육은 소화시키고, 씨앗을 배설해요. 그 씨앗이 바로 커피 원두랍니다. 커피체리에서 씨앗인 커피 원두를 하나하나 발라내기 귀찮았던 인도네시아 사람들은 이 사향 고양이의 똥을 모아 커피를 만들었어요. 사향 고양이가 커피 열매를 먹고 소화시키면서 발효된

원두는 카라멜과 초콜릿이 섞인 듯한 독특한 향을 내는데, 이것을 모아 만든 것이 바로 루왁 커피입니다. 루왁 커피 원두는 100g에 12만 원 정도로 알려져 있고, 우리나라에서 루왁 커피 한 잔은 3~5만 원에 판매되고 있어요.

인도네시아에 루왁 커피가 있다면, 베트남에는 사향 족제비 똥으로 만드는 '위즐 커피Weasel Coffee'가 있어요. 1857년 프랑스가 베트남을 식민지배하고 있을 때, 베트남 중부 지역 숲속에서 살고 있던 족제비가 커피 열매를 먹고 소화되지 않은 커피콩을 배설했어요. 족제비 똥을 본 농부는 프랑스 귀족에게 족제비가 배설한 커피콩을 깨끗하게 씻어서 주었고, 그 커피를 마신 귀족은 너무나 커피의 맛과 향이 뛰어나다며 본격적으로 커피콩을 재배하기 시작했어요. 족제비 위 속에 들어 있는 효소가 커피의 단백질을 분해해서, 커피의 쓴맛을 줄이고 부드러운 맛과 커피의 깊은 향이 더해지게 된 것이에요.

마지막으로 세계 3대 똥 커피인 '블랙 아이보리 커피'를 소개할게

로스팅 된 원두

아시아 사향 고양이

사향 고양이가 배설한 커피 콩

요. 태국 코끼리 똥 커피라고 하는데, 코끼리 똥 커피는 태국, 미얀마, 라오스에서 생산이 된다고 해요. 코끼리는 먹이를 모두 씹어서 먹기 때문에, 먹는 원두의 양보다 똥의 양이 적다고 해요. 아라

비카종의 커피 열매를 코끼리가 먹고, 코끼리의 소화 효소 때문에 커피의 단백질이 분해되어 쓴맛을 줄일 수가 있다고 해요.

그 밖에, 다람쥐 똥으로 알려진 '콘삭 커피', 예멘의 '원숭이 똥으로 만든 커피'도 있다고 해요. 세상이 온통 똥 커피 천지에요. 이러다가는 언젠가 강아지똥 커피까지 나오는 게 아닌지 모르겠어요.

똥 커피 전성시대, 동물의 수난시대

각종 동물의 똥에서 만든 똥 커피가 유행을 일으키고 있어요. 동물의 소화 기관을 거친 커피가 잘 팔린다는 소문이 나기 시작하면서, 베트남의 당나귀 커피, 서인도제도의 박쥐 커피, 브라질의 멸종 보호종 새인 자쿠 버드 커피까지 나오게 되었어요. 그런데 이러한 똥 커피 전성시대에 우리 동물들이 수난시대를 겪고 있어요. 그 이유는 사람들이 동물을 사육하면서 강제로 먹인 커피체리 배설물로 커피를 만들기 때문이에요.

자연 생태계에서 동물들이 자연적으로 커피체리를 먹고, 똥을 누고, 그것을 재가공해 사람들이 커피를 먹는다면, 누가 흉을 보겠어요? 문제는 바로 사람들이 똥 커피가 돈이 된다는 것을 알고, 동물 학대를 해서 동물들을 집단 사육을 하고, 동물의 똥을 모은다는 점입니다.

사향 고양이가 맹수이고 야생에서 생활해야 하는 데도 불구하고, 사람들은 사향 고양이를 좁은 창틀에 가두고 커피 열매만 먹이로 준답니다. 그러면 사향 고양이가 스트레스를 받고, 영양적으로 불균형하게 되겠지요. 영양 불균형해진 사향 고양이를 항생제가 섞인 사료를 먹게 하고, 소화가 잘되지 않도록 온갖 방법을 쓴다고 해요. 이렇게 스트레스 받은 사향 고양이들은 결국 자해 등으로 상처를 입고 질병에 시달리다가 죽거나, 사람들 손에 버려지고 만답니다. 그래서 우리나라의 동물단체는 루왁 커피 불매 운동을 벌인 적도 있어요.

　동물들의 똥이라서가 아니라 동물들의 희생, 눈물과 피로 만들어진 커피라 마음이 아파요. 과연 인간의 욕심은 어디까지일까요? 원래 커피는 이슬람 수도사들이 수행을 할 때 잠을 쫓기 위해 마셨다고 해요. 그만큼 사색의 성격을 띤 음료였답니다. 동물의 학대와 동물의 수난 시대로 만든 '똥 커피'가 과연 커피의 역사에 오래 남을 수 있을까요?

재미있는 '똥' 속담

우리 조상들은 똥에 관심이 많았나 봐요. '똥'이 들어가는 우리나라 속담이 몇백 가지나 되는데요. 재미있는 똥 속담과 그 뜻을 한번 알아볼까요?

- **가늘게 먹고 가는 똥 싸라**: 욕심을 많이 부리다가는 봉변을 당하기 쉬우니, 제힘에 맞게 적당히 행동하라는 뜻
- **가랑잎으로 똥 싸 먹겠다**: 잘살던 부자가 갑자기 가난해져서 어쩔 수 없는 신세가 된다는 말
- **똥 중에서 고양이 똥이 제일 구리다**: 고양이같이 간교하고 교활한 성격을 가진 사람이 제일 고약하다는 말
- **아끼다 똥 된다**: 물건을 너무 아끼기만 하다가는 잃어버리거나 못 쓰게 됨을 비유적으로 이르는 말
- **바람 먹고 구름똥 싼다**: 형체도 없는 바람을 먹고 둥둥 떠가는 구름 똥을 싼다는 뜻으로, 허황된 행동을 하는 경우를 비꼬는 말

살기 위해, 제 똥 먹는 토끼

깡충깡충, 폴짝폴짝 뛰어가는 귀가 길고 꼬리는 짧은 귀여운 토끼에게 비밀이 있다고 해요. 바로 토끼는 자기 똥을 먹는 독특한 식습관이 있다고 합니다. 토끼는 자기 똥을 꼭꼭 씹어 먹어서 토끼의 성장과 발달에 꼭 필요한 영양소를 공급 받아요. 만약 토끼가 자기의 똥을 먹지 못한다면, 영양실조에 걸려서 죽을 수도 있어요.

토끼를 집에서 길러본 적이 있나요? 토끼는 낮과 밤에 누는 똥이 다르다고 해요. 낮에는 섬유질이 많은 단단하고 딱딱한 똥을 누고, 밤에는 무른 똥을 누어요. 단단한 똥보다는 작고, 점액에 싸여 반들반들한 이 무른 똥을 토끼는 누가 먹을세라 얼른 먹어 치운답니다. 이런 행동을 '자기 분식'이라고 해요.

자기 똥을 먹는 토끼

토끼의 똥

　자기 분식은 동물들이 자기 똥을 먹는 습성으로, 비버, 기니피그도 자기 분식을 한답니다. 풀을 먹는 작은 동물들은 소화가 어려운 섬유소, 흡수하지 못하고 배출되는 영양소, 맹장과 대장에서 미생물에 의하여 합쳐진 영양소를 소화하는 데 시간이 오래 걸려요. 그리고 토끼는 하나의 위를 가지고 있고 몸속에 신진대사가 굉장히 빨라서 에너지를 빨리 공급받지 못하면 굶어 죽는답니다. 그래서 토끼만의 생존 방법이 바로 자기 분식이에요.

　일단 토끼가 먹이를 먹을 때, 먹이로부터 소화 가능한 부분의 영양분을 1차적으로 섭취하지요. 그다음, 토끼가 똥을 눈 뒤 자기 똥을 다시 먹어 2차적으로 소화하는 생존 방법이에요. 소가 여러 개의 위를 이용해 되새김질하는 것과 같다고 보면 돼요. 토끼는 최대 4번까지 자기 똥을 먹는데, 위산에 미생물이 죽지 않도록 점막으로 둘러싸 똥을 보호한답니다. 그래서 토끼 똥은 점액에 싸여

반들반들하고 반짝입니다. 심지어, 포도송이나 개구리알처럼 송알송알 뭉쳐 있는 모습을 볼 수 있어요. 이 똥에는 필수 아미노산, 비타민, 지방산이 풍부하고, 다량의 미생물이 들어있다고 해요. 살기 위해 똥을 먹는 토끼, 제 똥 먹는다고 혼을 내거나, 못 먹게 하면 안 되겠지요?

 함께 살펴보면 좋아요

교과서 6학년 2학기 《과학》 4단원 〈우리 몸의 구조와 기능〉
우리 몸은 노폐물을 어떻게 내보내는지, 배설기관을 공부할 때 함께 살펴보아요.

뇌과학

뇌 크기에 따라 지능의 차이가 있을까요?

?

Q 뇌가 클수록 지능이 높을까요?

> 머리가 크면 뇌가 클까요? 뇌가 크면 똑똑할까요? 머리가 크면 뇌도 똑똑할까요? 뇌가 크면 정말 지능도 높을까요? 뇌 크기에 따라 지능의 차이가 있는지 궁금해요.

뇌가 크면 지능도 높을까요?

뇌가 크면 과연 지능도 높을까요? 우리 인간의 뇌는 섬세하고 연약한 조직으로 이루어져 있어요. 그래서 뇌를 두개골 뼈가 보호하고 있어요. 대체로 머리가 크면 뇌도 조금 큰 편에 들어간다는 연구 결과가 있지요.

그렇다면 뇌가 크면 정말 지능도 높을까요?

인간의 뇌는 작은 우주라고 불릴 만큼, 너무 복잡해서 아직 밝히지 못한 미지의 영역입니다. 이러한 뇌의 작동 원리를 과학적으로 연구하는 학문이 뇌과학이에요.

우리 인간을 흔히 지구상에서 만물의 영장 靈長이라고 해요. 영장은 영묘한 힘을 가장 많이 가졌다는 존재를 일컫는 말이에요.

인간이 가장 똑똑한 동물이라고 여기고 있어요. 그런데 뇌가 크고 무거우면 지능도 과연 뛰어날까요? 코끼리나 고래의 뇌는 인간보다 훨씬 크고 무겁지만, 지능은 그렇지 않아요.

일반적으로 인간의 뇌는 1.4kg 정도, 고래의 뇌는 9kg 정도라고 해요. 심지어 천재 과학자인 아인슈타인의 뇌는 인간의 평균 뇌 무게보다 적은 1.2kg라고 알려져 있어요. 그리고 구석기 시대에 살았던 원시 인류인 네

아이큐
IQ, intelligence quotient

지능 발달 정도를 수치로 나타내는 검사로 지능 지수라고 합니다.
프랑스의 A.비네가 지능의 발달 정도가 일반 생활연령으로 몇 살, 몇 개월 되는 사람의 평균지능에 상당하는가를 표시하기 위해 검사방법을 고안한 것입니다. 따라서 평균지능인 100점을 기준으로 지능의 높고 낮음을 가릴 수 있지만, 엄밀하게 지능 자체를 나타내는 것이 아니기 때문에 현재는 다른 검사와 함께 활용하는 경우가 많습니다.

뛰어난 두뇌의 대명사 아인슈타인

안데르탈인과 크로마뇽인의 뇌 크기가 현재 인류의 뇌 크기보다 더 컸다는 사실이 밝혀졌어요.
 오히려 뇌의 크기가 작고 효율적인 쪽으로 진화하고 있다는 주장도 있어요.

그렇다면 뇌의 무엇이 지능과 관련이 있을까요? 고래의 뇌는 인간의 뇌보다 5~6배 크지만, 몸에서 뇌가 차지하는 비율은 약 2,000분의 1로 매우 작아요. 하지만 사람은 약 50분의 1로 지구상의 어떤 동물보다 그 비율이 크지요.

이처럼 사람은 뇌가 차지하는 비율이 다른 동물보다 크고, 특히 대뇌가 뇌의 대부분을 차지할 정도로 크게 발달했어요. 결국 뇌가 차지하는 비율과 대뇌의 크기가 지능과 관련이 있다고 할 수 있습니다.

가장 똑똑한 사람, 아인슈타인 뇌의 비밀

1955년 토마스 하비는 아인슈타인을 부검한 뒤 그의 뇌를 훔쳤어요. 아인슈타인의 뇌가 일반인의 뇌와 어떻게 다른지 너무나 궁금했거든요. 그런데 아인슈타인은 자신이 죽으면 시신을 화장해달라고 말했는데, 이 사실이 세상에 알려지면서 하비는 사회적으로 엄청난 비난을 받

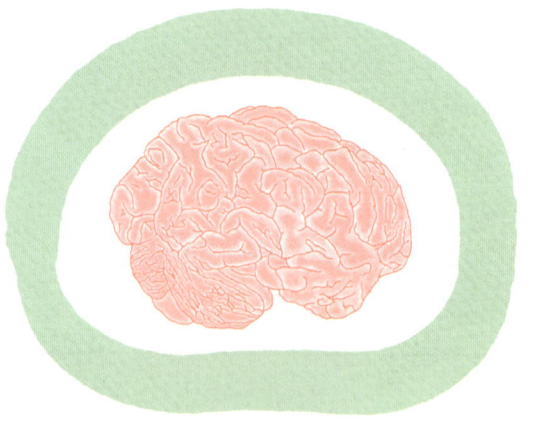

아인슈타인의 뇌

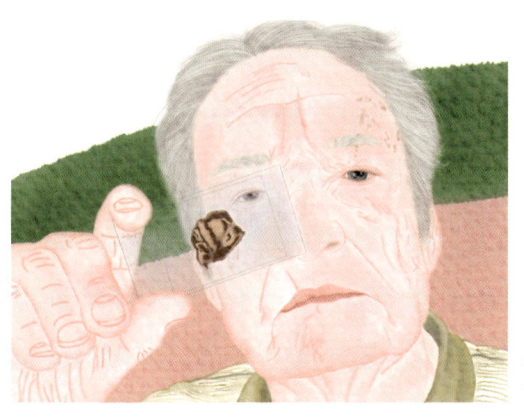

아인슈타인 뇌를 들고
있는 토마스 하비 박사

앉지만, 아인슈타인의 뇌는 세계적으로 연구할 가치가 있다고 말하면서 연구를 계속 이어 나갔어요.

  하비는 아인슈타인의 뇌 사진을 수십 장 찍고, 240조각을 냈다고 해요. 하비는 아인슈타인의 뇌가 일반인 뇌보다 약간 가볍다는 것 외에는 별다른 점을 발견하지 못했어요. 그래서 이 240조각들 중 일부를 전 세계 과학자들에게 보냈고, 같이 아인슈타인의 뇌를 연구해보자고 제안을 하죠. 그리고 그 조각들로 지금까지도 연구가 진행되고 있어요.

  연구 결과, 아인슈타인의 뇌에는 일반 사람의 뇌보다 신경교세포 neuroglial cell가 많았다고 해요. 신경교세포는 뇌세포를 보호하고 영양분을 공급하는 세포이고, 뉴런을 둘러싸고 보호하고 있는 세포에요.

  하비 박사가 사망한 후, 아인슈타인의 뇌는 프린스턴 병원에 기증되었고, 현재 필라델피아에 있는 한 박물관에 전시 중이라고 합니다.

인간과 돌고래의 뇌

돌고래는 인간과 가장 유사한 지능을 가졌다고 알려진 동물이에요. 돌고래는 아이큐도 높은 데다가 기쁨과 슬픔을 느끼고 때로는 장난을 치기도 해요. 돌고래는 사람이 보기에 웃는 모습을 하고 있어서, 돌고래가 항상 기쁘고 즐거울 것이라는 오해를 하는 사람들이 많지요. 그런데 돌고래도 슬퍼하는 감정을 느낀답니다.

돌고래 아이큐를 알아보는 연구는 1950년대부터 시작이 되었어요. 돌고래는 거울에 비친 자신의 모습을 알아볼 수 있고, 아이큐가 70~80 정도가 돼요. 아이큐 70~80 정도면 4살 정도 어린아이의 수준으로 보고 있어요. 보통 사람들의 아이큐가 85~115로 보고 있는데, 돌고래의 아이큐가 70~80 정도니 돌고래도 똑똑한 동물이죠?

돌고래 가족

그리고 과학자들은 지능이 높은 돌고래가 지성과 감정을 갖고 있다는 연구 결과를 발표했어요. 돌고래가 친하게 지내던 친구 고래가 죽은 뒤 어떤 행동을 하는지 분석해보았어요. 분석 결과, 돌고래가 슬픔에 빠져 있는 것 같은 매우 특이한 행동을 하고 있었답니다. 크고 복잡한 구조의 뇌를 지니고 있는 동물일수록, 슬픔과 같은 감정을 느끼고 있는 것 같은 행동을 할 가능성이 높다고 해요. 엄마 돌고래가 죽은 새끼 돌고래의 시체를 입에 물거나 자신의 등에 지고 바다를 떠도는 행동도 돌고래가 슬픔의 감정을 느끼는 행동이라고 추측하고 있어요.

해파리로 공놀이를 하는 돌고래의 모습

인간과 가장 유사한 지능을 가진 돌고래, 과연 돌고래의 뇌는 어떻게 생겼는지 살펴볼까요?

인간과 돌고래의 뇌를 비교한 그림이에요. 돌고래의 뇌는 인간의 뇌와 거의 크기가 비슷하거나 약간 크다고 알려져 있어요. 그리고 돌고래의 뇌는 좌뇌, 우뇌가 잘 구분되어 있어요. 좌뇌, 우뇌가 잘 구분되어 있기 때문에 물속에서 사는 돌고래가 잘 때에도 호흡을 잘할 수 있대요. 잠을 잘 때도 한쪽 뇌는 쉬고 있지만, 다른 한쪽 뇌는 쉬지 않기 때문에 호흡을 하고 헤엄을 치거나 다른 활동을 할 수 있어요.

또, 인간의 뇌처럼 돌고래의 뇌도 주름이 많아요. 뇌에 있는 주름을 뇌 주름이라고 하는데요. 뇌 주름은 좁은 공간에 있는 뇌의 크기를 크게 늘려서 더 많은 산소를 받고, 더 많은 신경세포와 신호를 주고받을 수 있고, 활동을 더 많이 할 수 있게 도와줍니다.

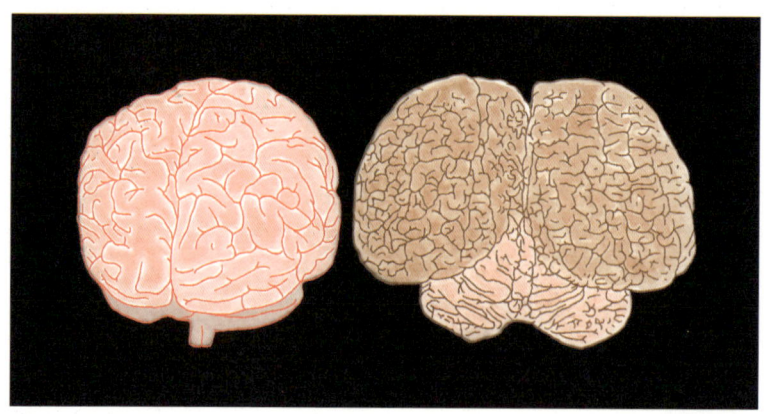

인간의 뇌와 돌고래의 뇌

인간의 뇌 주름은 임신 20주 정도의 태아 때부터 만들어지기 시작하고, 아기가 태어나서 한 살 반이 될 정도까지 계속 발달한다고 해요. 돌고래 역시 뇌 주름이 상당히 발달되어 있어서 다양한 활동을 할 수 있어요.

또 여러 연구 결과를 살펴보면, 돌고래는 특히 대뇌피질이 매우 발달되어 있다고 해요. 대뇌피질이라는 곳은 뇌에서 생각을 할 수 있게 도와주는 사고, 언어와 감정, 기억을 담당하고 있는 아주 중요한 부분이에요. 돌고래가 다른 돌고래와의 언어 소통을 하고, 인간과 감정을 교류하고, 기억력이 뛰어난 것도 돌고래의 대뇌피질이 매우 발달해서라고 인간들은 추측하고 있어요.

돌고래, 알면 알수록 참 똑똑한 동물이지요?

똑똑한 인간 뇌의 비밀, 대뇌피질의 신경세포뉴런의 수

돌고래가 사람보다 무거운 뇌를 가졌지만 인지능력이 더 뛰어나지 않는 것처럼, 뇌의 무게와 지능은 절대적인 관계를 가지고 있지 않아요. 그렇다면 인간은 어떻게 지구상에서 가장 똑똑한 뇌를 가진 동물이 된 걸까요?

그건 바로, 신경세포뉴런의 활동 때문이에요. 뉴런은 자극을 전달하고 자극에 따른 반응을 유도하는 신경계를 이루는 가장 기본적인 단위에요. 친구가 던진 공이 날라 오면, 팔과 손, 다리를 움직여 공을 잡게 되죠? 이렇게 몸이 움직이는 것은 뉴런이 외부 자극

공이 날아오는 것을 보았다을 뇌에 전달하고, 공을 잡으라는 뇌의 명령을 팔, 손, 다리에 전달하기 때문이에요.

　우리 몸 전체에 퍼져 있는 신경세포 중에서도 인지능력과 가장 관련이 있는 것이 대뇌피질의 신경세포예요. 사람의 뇌에 있는 신경세포는 총 860억 개예요. 그중에서도 대뇌피질에 존재하는 신경세포의 수는 약 160억 개로 알려져 있고, 이 수는 동물 중에서 대뇌피질이 가질 수 있는 최대의 신경세포 수라고 알려져 있어요.

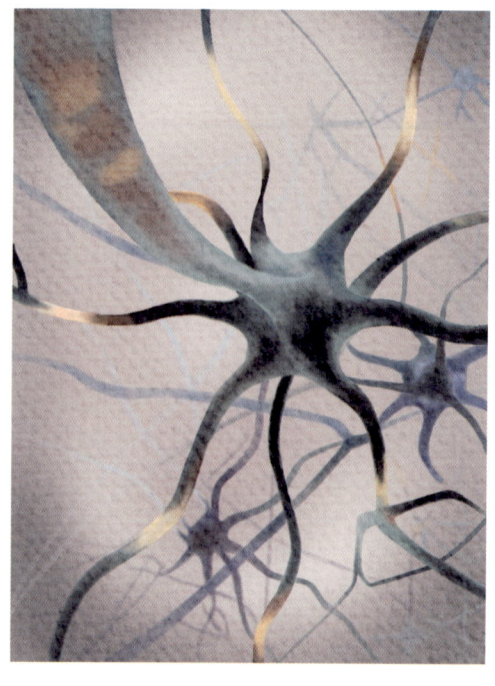

신경세포(뉴런)

똑똑해지려면 어떻게 해야 할까요?

인간은 노화를 하기 때문에, 나이를 먹으면 뇌 기능도 감퇴합니다. 그리고 뇌는 한 번 손상을 입으면 재생이 불가능하기 때문에, 뇌 기능이 저하가 되기 시작하면 되돌리기는 굉장히 어려워요.

최근 여러 연구에서는 사고, 언어와 감정, 기억을 담당하는 대뇌 피질과 기억력과 감정적인 행동을 조절하는 해마에서 새로운 신경세포가 발견되고 있다는 결과가 있어요. 운동, 특히 유산소 운동이 신경세포를 만들어내는 것에 긍정적인 영향을 미친다고 해요. 운동은 신경세포에서 분비하는 신경전달물질을 활발하게 운반하는 역할을 한답니다. 운동을 그만뒀을 때는 이전의 상태로 쉽게 돌아가니, 꾸준히 운동하는 것이 중요하겠지요?

 함께 살펴보면 좋아요

교과서 6학년 2학기 《과학》 2단원 〈우리 몸의 구조와 기능〉
우리 몸이 자극에 어떻게 반응하는지 공부할 때 함께 살펴보아요.

인물탐구

이 시대의 뇌과학자
더불어 살아가는 긍정적인 사회를 위해
뇌를 연구하시는 〈한국뇌과학연구원〉

양현정 부원장

인간은 뇌에 의해 지배되는 것이 아니라 뇌를 조절할 수 있는 능력을 가지고 있기에 뇌를 잘 사용하는 사람이 되자고 말하는 분이 있습니다. 그녀가 공부하는 '뇌'에 관한 이야기를 한 번 들어볼까요?

Q 부원장님께서 일하고 계신 〈한국뇌과학연구원〉은 어떤 곳인가요?

〈한국뇌과학연구원〉은, 인간의 뇌에 대한 근본적 탐구를 바탕으로, 뇌와 인체 기능의 작용원리, 뇌의 실제적 활용과 개발 분야를 중점적으로 연구하고 있는 곳입니다.

Q 인간의 뇌에 대해 연구하는 일이 왜 중요한가요?

인간의 뇌를 연구하는 것은 개인적, 사회적으로 중요한 의미를 가집니다.

첫 번째로, 개인의 정신과 신체의 **건강**을 위해 뇌의 연구는 중요합니다. 뇌는 인간의 정신을 결정하는 곳이며, 여러 가지 호르몬을 분비하여 신체 건강에 영향을 주는 곳이기도 합니다. 그런 이유로 뇌를 정신과 신체의 사령탑이라고 합니다.

두 번째로, 뇌에 대해 연구하는 것은 **인간에 대한 이해를 심화**시키기 때문에 중요합니다. 인간의 정서와 인지, 사회성 등 우리 삶에 영향을 미치는 것들이 뇌에서 작동되는 체계에 의해 운영되기 때문에, 뇌에 대한 이해는 인간 자체를 이해하는 것과 같습니다.

세 번째로, 뇌에 대해 연구하는 것은 인간이 형성하는 **사회에 대한 이해를 심화**시키기 때문에 중요합니다. 인간은 뇌가 있기 때문에, 문명을 형성하고 사회를 구성하여 과학기술을 발달시켜 편리한 삶을 창조해낼 수 있었습니다. 모든 것은 뇌의 현상인데, 이러한 뇌가 어떠한 원리에 의해 작동하는지에 대한 이해가 깊어진다면 뇌를 가진 인간이 구성하는 사회에 대한 이해도 깊어질 수 있습니다.

이렇게 뇌에 대한 연구를 통한 인간과 사회에 대한 깊이 있는 이해는 인간과 사회가 직면한 문제를 해결하는 데에도 도움이 될 것입니다. 오늘날 인류문명을 만든 것이 뇌의 무한한 창조성이듯 인류가 당면한 위기를 해결할 열쇠 또한 바로 우리의 뇌 속에 있기 때문입니다. 뇌는 같은 정보라도 어떻게 처리하고 개발하는지, 또 스스로 뇌를 얼마나 인지하고 신뢰하

느냐에 따라 전혀 다른 결과를 가져옵니다. 따라서 뇌에 대한 깊은 이해와 그에 대한 활용은 건강하고 평화로운 삶을 위한 열쇠가 될 것입니다.

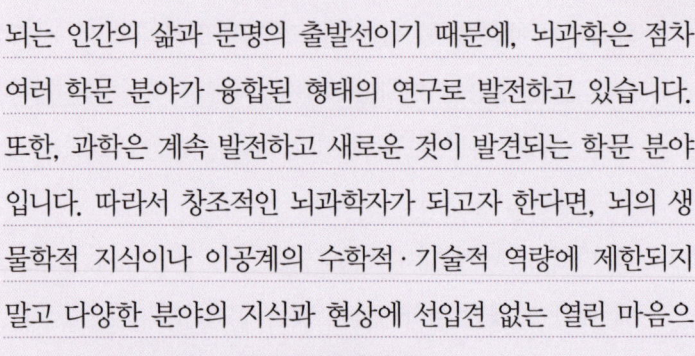

Q 뇌과학자가 되려면 어떤 준비를 해야 할까요?

뇌는 인간의 삶과 문명의 출발선이기 때문에, 뇌과학은 점차 여러 학문 분야가 융합된 형태의 연구로 발전하고 있습니다. 또한, 과학은 계속 발전하고 새로운 것이 발견되는 학문 분야입니다. 따라서 창조적인 뇌과학자가 되고자 한다면, 뇌의 생물학적 지식이나 이공계의 수학적·기술적 역량에 제한되지 말고 다양한 분야의 지식과 현상에 선입견 없는 열린 마음으로 호기심을 가지고 접하길 권합니다.

Q 뇌과학자가 되면 어떤 일을 하게 되나요?

뇌과학자 중에는, 뇌를 연구하는 국공립/재단법인/기업 등 연구소의 연구자, 대학의 교수, 대중을 대상으로 책을 쓰고 강연하는 뇌과학자 등 다양한 직업군이 있습니다.

뇌과학은 점차 융복합적두 가지 이상의 물질 또는 요소 따위가 서로 조화되어 하나로 합하여지는. 또는 그런 것 학문으로 발전하고 있습니다. 전통적인 뇌신경과학분야는 신경분자세포생물학, 신경생리학, 신경해부학, 신경발생학, 신경약리학, 신경유전학 등을 포함하고 있으며 이들 각각의 학문적 경계는 점차 사라지고 있습니다. 또한, 이들은 과거에는 학문적 교류가 적었던 인지과학, 심리학 분야와의 융합도 활발히 이루어지고 있습니다.

이뿐만 아니라 뇌과학에서는 컴퓨터공학, 재료공학, 로봇공학 등의 분야와도 활발한 융복합연구가 진행되고 있습니다. Brain-Computer Interface 뇌-컴퓨터 인터페이스는, 외부장치를 활용하여 뇌와 직접적인 상호작용을 통해 인간의 신체기능을 보조하고 증진시키는 데에 활용되는 기술 분야입니다. 예를 들어 사지마비환자가 이 기술을 이용하여 자신의 뇌와 연결된 로봇팔을 조종할 수 있습니다.

뇌과학이 다학제적多學際的, multi and interdisciplinary이고 융복합적 학문으로 발달됨에 따라, 뇌과학들도 점점 더 다른 학문 분야에 대해서 오픈 마인드로 융합하고 있습니다.

Q 요즘 부원장님께서 연구하고 계신 내용에 대해 소개해주실 수 있나요?

연구원에서는 뇌의 기능을 향상시키고 계발하는 다양한 방법에 대한 효과와 메커니즘mechanism, 사물의 작용원리나 구조을 연구하고 있습니다. 최근에는 청소년을 대상으로 주의 집중된 신체 움직임이 인지기능과 뇌활성도에 미치는 영향에 대해 연구를 진행하고 발표하였습니다.

이 연구에서는 참가 청소년을 두 그룹으로 나누어, 한 그룹은

청소년들이 주의 집중된 신체 움직임 3가지 동작을 각 3분간, 총 9분 동안 하도록 하였습니다. 이것을 한 세트로 하여 같은 세트를 하루 2회총 18분 실시하였습니다. 또 다른 그룹은 같은 시간동안 이완 휴식을 취하게 하였습니다. 그리고 3주 전후로 이들의 작업기억인지기능의 한 종류과 뇌파를 측정했습니다.
그 결과, 주의 집중된 신체 움직임을 수행한 그룹은 3주 후 작업기억이 향상되어 있었고, 이완 휴식을 취한 그룹은 별다른 변화가 없었습니다. 흥미로운 점은 뇌파 분석을 통해 주의 집중된 신체 움직임을 수행한 그룹이 이완휴식 그룹에 비해 뇌효율성이 증가하여 있다는 것을 발견한 것입니다.
현재, 이러한 주의 집중된 신체 움직임에 대해서 성인에게도 효과가 있는지, 신체 대사와 뇌기능에서의 영향을 연구하고 있습니다.

Q 마지막으로 책을 읽고 있는 독자들인 우리 어린이들에게 하고 싶은 말이나 어린이들이 관심을 가졌으면 하는 부분이 있으면 얘기해주세요.

우리의 생각, 말, 행동, 기분은 뇌에서 나옵니다. 뇌에서 어떠한 신경전달 물질이 분비되느냐에 따라 기분도 달라지는 것입니다. 그런데, 인간은 뇌에 의해 지배되는 것이 아니라 뇌를 조절할 수 있는 능력을 가지고 있고, 이것이 인간이 동물과 다른 위대한 특징입니다. 그 능력을 사용하는 방법은 자기

자신에게 말로서 이야기해주는 것입니다. 마음속에서 이야기해주어도 됩니다. 자신의 이름을 불러주며, "○○야, 괜찮아", "○○야, 사랑해", "○○야, 잘하고 있어", "○○야, 최고야"라고 하는 것입니다. 이렇게 자신에게 용기를 주고 사랑을 주는 것을 계속하다 보면, 무엇이든 할 수 있다는 자신감이 생기고, 다른 사람도 사랑하고 다른 사람에게도 용기를 줄 수 있는 빛나는 사람이 되는 것입니다. 뇌과학자로서 제가 여러분들께 하고 싶은 이야기는 이렇게 뇌를 잘 사용하는 어린이가 되었으면 하는 점입니다.

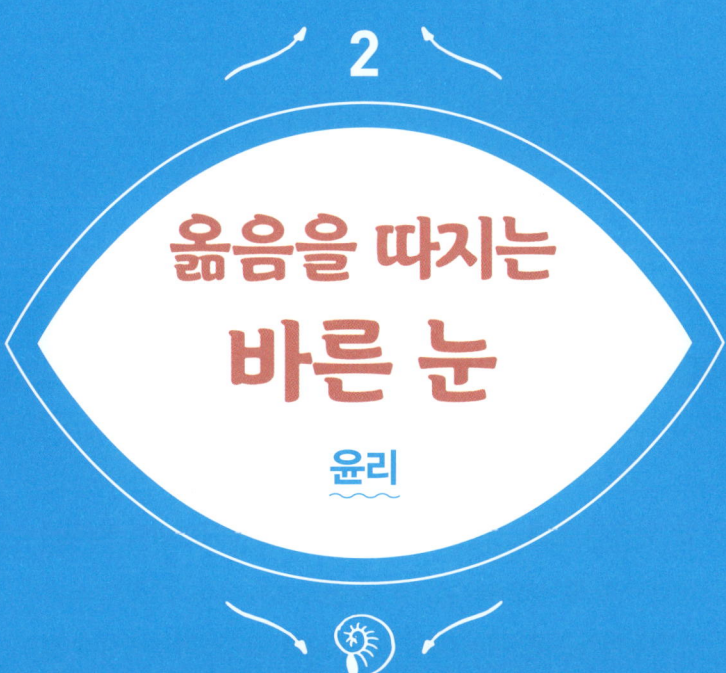

2

옳음을 따지는
바른 눈

윤리

양심

사람을 때린 사람과 맞고 쓰러진 사람을 보고도 신고하지 않은 사람, 누가 더 나쁜 건가요?

Q 사람을 때린 사람과 맞고 쓰러진 사람을 보고도 신고하지 않은 사람, 누가 더 나쁜 건가요?

한 남자가 길을 가던 할아버지를 아무 이유 없이 때려서 사망하게 했다는 뉴스를 보게 되었어요. 그 사실만으로도 충격적이었는데, 더 이해할 수 없었던 건 그 할아버지가 길거리에 쓰러져 있는 것을 보고도 지나가던 사람들 중 아무도 신고하지 않았다는 거예요. 쓰러진 후 15분 이상 방치되었던 그 할아버지는 한 시민의 신고로 병원으로 옮겨졌지만 결국 사망하고 말았어요. 이 뉴스를 보고 할아버지는 그 사람한테 맞아서 돌아가신 걸까, 아니면 지나가던 사람들이 빨리 신고하지 않아서 돌아가신 걸까 하는 의문이 들었어요. 누가 더 나쁜 걸까요?

우리가 살아가는 세상에 이런 일이 있다는 사실이 무서워요!

출근 준비를 하면서 우연히 뉴스를 보게 되었어요. 그 뉴스를 보고 무섭고 슬픈 감정이 들었고, '우리가 살아가는 세상에 왜 이런 일이 벌어질까?'라는 생각에 씁쓸했어요. 학교에 출근하고도 그 뉴스 기사가 머릿속을 떠나지 않아 선생님 반 학생들에게 이야기해주었어요. 그 사건을 간단히 정리해보면 이렇습니다.

서울 구로구 아파트 앞 길거리에서 60대 남성 B씨가 무차별 폭행을 당해 숨지는 사건이 발생했어요. 피해자는 피를 흘린 채 쓰러져 있었지만, 50여 명의 행인이 이를 보고도 별다른 조치 없이 지나친 것으로 확인됐어요. 15분가량 방치돼 있던 남성은 경찰이 도착했을 때 이미 숨진 상태였다고 해요. SBS 뉴스에 따르면 범행 현장 인근 CCTV폐쇄회로티브이에는 A씨의 범행 장면이 고스란히 담겨 있었는데, A씨는 맞은편에서 걸어오던 B씨에게 다가가 여러 차례 발길질하고 쓰러진 B씨의 주머니를 뒤져 소지품을 챙기는 모습을 볼 수 있었어요. CCTV에는 B씨가 쓰러져 있는 것을 보고도 시민들이 외면하는 모습도 담겨 있었어요. 경찰과 소방 구조대원 등이 오전 6시 15분쯤 현장에 도착할 때까지 시민 50여 명이 B씨 곁을 지

> **CCTV폐쇄회로티브이**
>
> CCTV는 특정한 목적을 위해 소수의 사람들에게 제공되는 티브이라는 뜻입니다. 일반적인 티브이는 다수의 사람들이 자유롭게 볼 수 있습니다. 이에 반해 CCTV는 방범, 감시, 화재 예방 등 안전을 위해 설치해서 관련된 사람만 볼 수 있도록 합니다.

나쳤어요. B씨는 폭행당한 직후 출혈이 심한 상태였지만, 행인들 가운데 B씨에게 다가가거나 상태를 살펴봐준 사람은 없었어요.

CCTV 화면에 신고 장면이 잡히진 않았지만, 소방은 오전 6시 9분쯤 119에 "사람이 다쳤다"는 신고가 접수됐다고 밝혔고, 이후 경찰과 소방관이 사건 현장에 도착한 6시 15분쯤 B씨는 이미 숨져 있었다고 해요.

선생님의 이야기를 다 들은 학생들은 웅성웅성 자기 의견을 말하기 바빴어요.

최ㅇㅇ 선생님, 그 사람 제정신이 아닌 것 같아요. 어떻게 할아버지를 그렇게 심하게 때릴 수가 있어요?

송ㅇㅇ 아무 이유 없이 폭행해서 사람을 죽게 했다는 사실이 어이가 없어요.

여ㅇㅇ 지나가던 사람을 때려서 죽게 한 그 사람도 나쁘지만, 사람이 쓰러져 있는데 50명이나 그냥 지나갔다는 사실이 더 무서워요.

김ㅇㅇ 그 사람한테 너무 많이 맞아서 돌아가셨을 수도 있지만 누군가 빨리 신고만 했었다면 돌아가시지 않았을지도 모른다는 생각이 들어요.

선생님 반 학생들은 심하게 때린 사람보다는 쓰러진 할아버지를 보고 그냥 지나친 사람들이 더 나쁘다며 흥분해 말하는 친구들도 있었어요. 할아버지를 돌아가시게 한 건 때린 사람일까요? 신고하지 않고 그냥 지나친 사람들일까요? 이 책을 읽고 있는 여러분의 생각은 어떤가요?

할아버지를 보고도 그냥 지나친 사람들은
어떤 생각과 마음으로 신고하지 않았을까요?
그 사건 속 행인의 입장이 되어 생각해볼까요?

기자   조심스럽게 질문을 드립니다. 쓰러진 할아버지를 보지 못하셨나요?

행인   보기는 봤습니다. 하지만 쓰러져 있는 사람을 보니 너무 놀라고 당황스러웠고, 주변에 아무도 없어서 더 무서웠어요. 그래서 이곳을 빨리 벗어나야겠다는 생각만 들었어요. 그런데 그 할아버지가 돌아가셨다는 뉴스를 보고 저도 큰 충격을 받았어요.

기자   쓰러진 사람을 보고 놀라고 당황하셨다는 말씀에 충분히 공감합니다. 하지만 그곳을 벗어나서라도 119에 신고하실 수 있지 않았나요?

행인   그곳을 벗어난 후 신고해야 하나라는 생각은 했었습니다. 하지만 상황이 심각한 것 같아 '괜히 신고했다가 나에게 곤란한 일이 생기지 않을까?' 하는 생각도 들었고,

'나 말고도 지나가는 누군가가 신고를 하겠지?' 하는 생각도 들어 갈등하다가 신고하지 못했습니다.

기자 네, 그러셨군요. 지금의 마음은 어떠신가요?

행인 제가 지나가고도 여러 명의 사람들이 그냥 신고하지 않고 지나쳤다는 뉴스를 보고 놀라웠고, '내가 신고했었다면 할아버지가 돌아가시지 않았을까?' 하는 생각에 며칠간 죄책감도 들고 마음이 아팠습니다.

기자 인터뷰 동안 힘드셨을 텐데 솔직히 답해주셔서 감사합니다.

처음에는 "어떻게 쓰러진 사람을 보고도 그냥 지나칠 수 있어?"라는 생각을 했었는데, 인터뷰를 한 내용을 보니 행인의 말에 공감이 되는 부분이 있어요. '내가 만약 저 시간, 저 장소에 있었다면 어떻게 했을까?'라는 생각을 해보게 되네요. 어쩌면 선생님도 당황하고 무서운 마음에, '혹시 나에게 곤란한 일이 생기지 않을까? 내가 신고하지 않아도 누군가는 하겠지?'라는 생각에 그냥 지나쳤을 수도 있었겠다는 생각이 들기도 해요.

우리 사회에서는 간혹 위 할아버지 사건과 같은 일들이 종종 일어납니다. 위급한 상황에 처한 사람들을 보고 빨리 신고하지 않아 좋지 않은 결과를 맞는 일들이요. 그래서 일부의 사람들은 위급한 상황에 처한 사람을 보았을 때 신고해야 한다는 내용을 법으로 정해 사람들이 지키게 한다면 사람이 목숨을 잃거나 나쁜 결과를 맞는 일들을 막을 수 있다고 주장합니다.

'착한 사마리아인법'을 알고 있나요?

여러분 '착한 사마리아인법'에 대해 들어본 적 있나요? '착한 사마리아인법'은 어려움에 빠진 사람을 구해주는 것이 자신에게 특별한 위험을 발생시키지 않음에도 구조해주지 않는 경우에 윤리적으로뿐만 아니라 법적으로도 처벌하는 법을 말해요. 프랑스에서는 형법 제63조 제2항에 "위험에 처해 있는 사람을 구조해 주지 않은 자는 3개월 이상 5년 이하의 징역, 또는 360프랑 이상 15,000프랑 이하의 벌금에 처한다."라고 정하고 실제 법을 시행하고 있다고 해요. 만약 우리나라도 착한 사마리아인법을 시행한다면 위 할아버지 사건에서 그냥 지나친 행인들은 모두 법적 처벌을 받게 되는 거겠지요.

야코프 요르단스의 〈선한 사마리아인〉

**위급한 상황에 처한 사람을 구조해야
한다는 내용을 법으로 정한다면?**

'착한 사마리아인법'을 우리나라에서도 시행하게 된다면 어떨까요? 법은 인간 생활에서 최소한으로 꼭 지켜야 할 내용을 규정함으로써 인간의 행동을 강제하고 있어요. 따라서 '착한 사마리아인법'을 무분별하게 적용하게 된다면 모든 도덕적 문제를 법적인 문제로 간주하고 인간으로서 지켜야 할 사회적 규범은 법적 의무가 되어 사람들에게 부담감을 가지게 할 수도 있어요. 그렇게 되면 개인의 자유가 침해될 가능성이 높아진다는 점에서 '착한 사마리아인법'의 도입을 걱정하는 목소리도 있답니다.

우리 사회는 아직 따뜻한 마음을 가진 사람들이 많아요!

선생님이 글 시작에서 소개한 할아버지 사건을 듣고 여러분들도 마음이 많이 아팠죠? 신고하지 않은 사람들에 대한 원망의 마음을 가지는 사람들도 많았을 것이라 생각해요. 이렇게 가슴 아픈 사건들도 있지만 반대로 우리의 마음을 훈훈하게 하는 일들도 있답니다.

2022년 7월 23일 경남 진해경찰서에 따르면 전날 오후 6시 35분쯤 창원시 진해구의 한 횡단보도에서 7살 A군이 자전거를 타고 가다가 차량에 치이는 사고가 발생했어요. 이 사고로 A군은 넘어지면서 앞 범퍼 밑에 깔렸고, 이를 목격한 시민 10여 명이 달려와 차량을 잡고 들어 올린 후 옆으로 옮겼다고 해요. 차량을 들어 올린 시민들은 쓰러진 A군의 상태를 살폈고, A군은 머리 등을 다쳐 병원으로 이송됐으나 생명에는 지장이 없는 것으로 알려졌어요.

2022년 7월 20일 전남 목포, 제보자 A씨에 따르면 당시에는 갑작스럽게 비가 내리고 있던 상황에 왼쪽 인도에서는 한 여학생이 비를 맞으며 걷고 있었다고 해요. 이때 여학생이 차량 쪽으로 고개를 돌렸고, 앞쪽 차량의 창문이 열리더니 운전자가 무엇인가를 던졌어요. 바로 우산이었다고 하네요. 여학생은 도롯가에 떨어진 우산을 주워 들고는 운전자를 향해 허리

차를 들어 밑에 깔린 어린이를 구조하는 시민들

비 맞고 있는 학생에게 우산을 던져 준 운전자

숙여 인사했다고 해요.

여러분, 위의 두 이야기를 읽고 어떤 생각이 들었나요? 글 처음 소개한 할아버지 사건과는 전혀 다른 이야기죠? 아직 우리 사회는 타인이 위험해 처했을 때 자기 일처럼 나서서 돕는 따뜻한 마음을 가진 사람들이 많이 있어요. 이런 분들이 많다면 '착한 사마리아인법'은 우리 사회에서는 필요가 없겠죠.

이 글을 읽고 있는 친구들은 어른이 되었을 때 어떤 모습일까요? 쓰러진 사람을 보고 여러 가지 이유로 신고를 하지 못한 사람, 차에 깔린 아이를 보고 자신의 일처럼 뛰어가 돕는 사람…. 인간의 도덕적인 마음을 법으로 제재하는 '착한 사마리아인법'이 과연 우리 사회에서 필요한 것일까? 한 번쯤은 생각해보는 기회를 가졌으면 좋겠어요.

길거리에 쓰러져 있는 사람을 보았다면, 여러분은 어떤 선택을 했을지 생각해보고 그날의 일을 상상하여 일기를 써보세요.

 함께 살펴보면 좋아요

교과서 5학년 1학기 《사회》 2단원 2주제 〈법의 의미와 역할〉
우리 생활 속의 법을 공부할 때 함께 살펴보아요.

자유와 책임

기호식품인 담배, 흡연자들이 자유롭게 피면 안 될까요?

?

Q 기호식품인 담배, 흡연자들이 자유롭게 담배를 피면 안 되는 걸까요?

기호식품은 차, 껌, 커피, 코코아, 사탕, 초콜릿, 과자, 탄산음료, 담배, 술처럼 독특한 향기와 맛이 있어, 기분을 좋게 하는 식품이에요. 기호식품은 영양소는 그닥 없지만, 맛과 향기를 즐기기 위해 사람들이 사 먹는다고 해요. 그런데 기호식품으로 분류하는 담배를 왜 우리나라에서는 국민의 건강을 해친다고 금연하라고 할까요? 흡연자들은 합법적으로 담배를 사는데, 흡연자들이 자유롭게 담배를 피면 안 되는 걸까요?

담배를 가져온 콜럼버스의 실수

　1492년 스페인 탐험가인 콜럼버스가 신대륙을 발견했어요. 그 당시 미국에 거주하던 인디언들로부터 담배를 선물받았고, 콜럼버스는 유럽으로 담배를 가져가요. 당시 유럽인들은 인디언들이 연기가 나는 무언가를 피우는 모습을 무척 신기하게 보았고, 그 뒤로 담배는 유행이 되어 점점 유럽으로 퍼져나가게 되었어요.

　우리나라에 담배가 들어온 것은 16세기 말로 알려져 있어요. 임진왜란 때 일본군을 통해 소개되었어요. 그 당시에는 남자 어른 세 명 중 한 명이 담배를 피울 정도로 아주 유행이었답니다. 유럽인들처럼 우리나라 사람들도 담배를 피는 모습을 보고 새롭고 특별했을 것이라고 느꼈던 거예요. 조선후기 대표적인 풍속화가 김홍도의 〈타작도〉에서는 열심히 벼, 보리를 탈곡하는 하인들의 모습과 돗자리를 깔고 담뱃대를 입에 물고 여유를 부리는 양반의 모습을 볼 수 있어요. 김홍도의 눈에도 담배를 피는 모습은 여유로운 생활을 나타내는 것이었을지 모르겠어요.

　또한 영화가 대중화되면서, 수많은 영화 속에서 남자 주인공이

크리스토퍼 콜럼버스
Christopher Columbus

이탈리아의 탐험가입니다. 스페인 여왕 이사벨의 후원을 받아 인도를 찾아 항해를 떠나 쿠바, 아이티, 트리니다드 등을 발견했습니다. 그는 서인도 항로의 발견으로 아메리카대륙을 유럽인들의 활동 무대로 만들었지만, 자기가 발견한 곳이 인도의 일부로 알았다고 합니다.

담배를 유럽에 전파한 콜럼버스

김홍도의 〈타작도〉

멋지게 담배를 피우는 장면이 등장하게 되었어요. 잘생긴 남자 주인공이 한 손에 담배를 들고 담배 연기를 내뿜는 모습을 보고 사람들이 멋지다고 생각했던 시대도 있었답니다.

담배 연기 속에는 어떤 나쁜 물질이 있을까요?

담배에는 4,000종이 넘는 유해 성분이 포함되어 있는데, 그중 대표적인 것으로 타르tar, 니코틴, 일산화탄소 세 가지 물질이에요.

우선 타르는 2,000종 이상의 독성 화합 물질로 되어 있고 폐암을 일으키는 발암물질이에요. 어떤 사람이 담배 연기를 한 모금 입에 물고 있다가 흰 손수건에 힘껏 불면, 손수건이 갈색으로 염색이 돼요. 이것이 바로 타르라는 성분 때문이에요. 담배 한 개피에는 약 10㎎의 타르가 포함되어 있어요. 만약, 하루에 한 갑스무 개피씩 1년 동안 담배를 피우게 된다면, 유리컵 하나에 가득 찬 타르를 마시는 것과 같아요. 특히, 타르라는 물질은 사람의 기관지와 폐를 상하게 하고, 온몸에 퍼져 암을 일으키는 발암물질이에요.

다음으로 담배 연기 속에 있는 니코틴은 중독을 일으키는 마약이라고 생각하면 돼요. 담배 연기를 빨아들이는 11초 동안 니코틴은 계속 뇌로 전달돼요. 그래서 담배를 피우면 끊을 수 없게 돼요. 사람들이 계속 담배를 피우는 이유는 담배가 맛있는 맛을 내고 향기가 좋아서라기보다는 바로 니코틴에 중독되었기 때문이에요. 이러한 니코틴은 폐암, 구강암, 식도암, 후두암을 일으키는 원인이 되기도 하고, 심한 사람은 '버거스씨병'이라고 하는 발가락부터 썩어들어 가는 병에 걸리기도 해요. 니코틴의 중독성 때문에 담배를 피운 뒤 일정 시간이 지나면, 혈중 니코틴 농도가 떨어져서 다시 담배를 피우고 싶은 욕구가 커지게 되는 것이에요.

  마지막으로, 담배 연기 속에는 일산화탄소가 많이 들어 있어요. 담배를 많이 피우거나 담배 연기가 가득한 공간에 있으면 머리가 아프고 정신이 멍해지게 만드는 물질이에요. 옛날 연탄을 떼던 때, 사람들이 잠을 자다가 많이 죽었는데, 그게 바로 연탄 중독을 만든 일산화탄소 때문이에요. 담배를 피우면 혈관 내에 일산화탄소가 유입이 되고, 빈혈과 같은 현상이 일어나서 담배를 피우는 사람들에게 어지러움증, 두통이 생기는 원인이 되기도 해요. 일산

담배를 피우는 모습

화탄소는 산소보다 100배 정도 잘 결합이 되어서 혈액 내의 산소 농도를 떨어뜨려 저산소증을 유발하기도 하는 아주 위험한 물질이랍니다.

그 밖에도 담배에는 아세톤, 포름알데히드, 나프티라민, 메타놀, 피렌, 디메칠니트로사민, 나프타린, 카드뮴, 벤조피렌 등 강력한 발암물질들이 들어가 있어요. 담배를 피우게 되면 담배의 물질이 호흡기관에 직접적으로 피해를 줄 뿐만 아니라, 폐에서 흡수되어 온몸을 순환하며 우리 몸의 모든 장기에 암과 같은 질병을 일으키게 돼요. 담배 한 개피를 피우면 수명이 12분 단축이 된다는 연구보고가 있어요. 흡연자의 평균 수명 감소를 5년에서 8년으로 추정하기도 한답니다. 그리고 담배를 피우는 사람은 피우지 않는 사람보다 사망률이 무려 2.5배가 높다고 해요. 이렇게 담배에 안 좋은 물질들이 가득하답니다.

흡연자가 선택한 1차 흡연과 어쩔 수 없이 담배에 노출된 2차 흡연과 3차 흡연

흡연자가 직접 담배를 피우는 1차 흡연은 스스로 선택한 것이에요. 그러나 2차, 3차 흡연은 담배 연기를 마시고 싶지 않아도 어쩔 수 없이 마시는 경우가 많아요. 2차 흡연은 흡연자가 담배를 피울 때 그 근처에서 연기를 직접적으로 들이마시는 것이고, 3차 흡연은 흡연자가 담배를 피웠던 공간에 있거나 흡연자와 함께 있는 것만

으로도 담배 속에 있는 유해 물질에 노출되는 것을 말해요. 담배 속의 발암물질들은 섬유로 된 벽지, 페인트, 카펫에 더 잘 달라붙는다고 해요. 3주 이상의 시간이 지나도 절반의 니코틴이 아직 남아 있어, 사람들이 발암물질들에 오랫동안 노출될 경우 2차 간접흡연과 마찬가지로 건강에 악영향을 미치게 된다고 해요.

담배로 인한 사회적인 피해 금액이 어마어마?

'담배에 나쁜 물질이 많아도, 내가 피우고 싶으면 피우는데, 다른 사람이나 나라가 무슨 상관이야?'라고 생각하는 사람도 많이 있어요. '내 건강 관리야 내가 하지, 내 돈으로 담배 사는데, 무슨 상관이야?' 이렇게 생각하는 거지요.

그런데, 담배로 인해 사회적인 손실이 어마어마하다면 믿어지나요?

2023년 11월 질병관리청에 따르면 2019년을 기준으로 한 해 흡연으로 인한 사망자가 5만 명이 넘었다고 해요. 또 흡연으로 인한 사회경제적 손실 비용은 12조 원이 넘었어요. 담배로 인한 사망자의 생산성 손실, 담배로 인한 질병 치료 비용과 치료 기간의 생산성 손실이 모두 우리 사회의 경제적 손실이 되는 거죠.

예를 들어 아내와 2명의 자녀를 둔 40대 가장이 흡연으로 인한 폐암으로 사망하게 되면, 남은 아내와 자녀들은 살아가기 위해서 또 다른 경제 활동을 해야 하고, 필요하면 국가의 도움을 받아야 해요. 이런 비용이 사회에 경제적으로 부담이 되는 거예요. 그래서 흡연은 개인의 문제를 넘어 사회적으로도 문제가 되는 거예요.

또 국가는 국민들의 더 나은 삶과 행복을 위해 가이드라인을 마련하고, 이를 위해 노력하죠. 흡연자들이 금연할 수 있도록 도움을 주는 게 국가 할 일이에요. 그래서 국가가 금연을 위해 나서게 되는 거죠.

1987년 세계 보건기구에서는 매년 5월 31일을 세계 금연의 날로 지정했어요. 우리나라는 학교나 보건소를 통해 흡연 예방교육과 금연교실, 금연클리닉을 지속적으로 추진하고 있어요.

초등학교 2학년 *반 정

제목: 담배 숨바꼭질

우리 아빠는 집 안에서도 밖에서도 담배를 펴서 속상하다. 어떻게 하면 아빠가 담배를 안 필까? 고민하던 나는 좋은 생각이 났다. 바로 아빠의 담배를 숨기는 것이다!

내가 담배를 숨기면, 아빠가 담배를 못 찾고 밖으로 나갈 수 있을 것 같았다. 그러면 아빠는 밖에서도 담배를 피지 못할 것이라고 생각했다. 하지만 계속 아빠가 담배를 못 찾는 것은 아닐 것이라서 속상했다.

담배를 내가 조금이라도 잘 숨겼으면, 아빠가 담배를 못 찾았을 텐데.

📖 함께 살펴보면 좋아요

교과서 5~6학년 《보건》 3단원 〈약물 오남용, 흡연, 음주 예방〉
'담배, 왜 건강에 해로운가요'를 공부할 때 함께 살펴보아요.

흡연과 금연의 공존, 일본의 분연정책

　점점 시간이 지나면서 이런 담배가 눈총을 받게 되었어요. 식당이나 카페, 아파트 등 많은 건물들이 금연 건물로 지정되어서, 아주 덥거나 추운 날씨에도 건물 밖으로 나와 담배를 피는 어른들의 모습을 본 적이 있을 거예요. 그리고 드라마에서도 담배를 피우는 장면도 퇴출이 되었답니다. 최근 뉴스를 보면, 많은 사람들이 공공장소에서 흡연을 금지하는 법안을 주장하고 있어요.

　이웃나라 일본에서는 2002년 치요다구 길거리에서 한 어린이가 담배를 피우던 사람의 담뱃불에 눈을 크게 다치는 사고가 일어났어요. 그 사고 이후로 일본에서의 흡연 문화는 크게 달라졌고, 길거리에서의 흡연이 금지되었답니다. 일본정부에서는 2004년부터 흡연구역과 금연구역을 나누는 분연정책을 실시했는데, 거리에서 흡연을 하다가 들키면 2만 엔(약 20만 원)의 벌금을 부과하는 법이 생겼다고 해요.

　이렇게 일본에서 분연정책을 실시한 이유는 담배를 피우는 사람들을 막을 수 없다면, 담배를 피우는 사람 때문에 주변 사람들의 건강을 해치는 간접흡연이라도 막아보자는 판단 때문이었어요. 담배를 직접 피우는 사람뿐만 아니라 주변 사람들의 건강에도 치명적인 영향을 미친다는 사실이 과학적으로 증명되었기 때문이에요.

　그러나 담배는 합법적인 판매 상품이고 흡연자의 권리도 보장을 해야 했기 때문에, 일본은 분연정책을 실시했어요. 일본에서 거리 흡연을 할 경우 벌금은 엄청나지만, 그만큼 흡연자들을 위한 배려가 잘되어 있다고 해요. 일본은 건물 안에서도 사업자나 시설관리자의 판단에 따라 흡연 공간을 설치할 수 있도록 했답니다. 예를 들면, 카페나 식당을 1층은 금연석, 2층은 흡연석, 이런 방법으로 흡연자와 비흡연자를 공간적으로 분리하는 방식을 실시했어요. 일본의 흡연 구역에는 재떨이와 휴지통이 많이 설치되어 있고, 환풍 시설도 잘되어 있다고 해요. 또, 사람들이 자주 오고 가는 공공시설에도 흡연 부스 등을 설치하는 등 분연을 실천하고 있는 모습을 쉽게 볼 수 있어요.

　일본의 분연정책은 흡연자와 비흡연자의 권리를 존중하고 공존의 해결책을 마련한 문화가 아닐까요?

국제적으로 통용되는 금연구역 표시　　　간접흡연 피해방지를 위해 일본의 분연정책

인물탐구

이 시대의 의사
어린이·청소년의 건강을 위해 노력하시는
대구 파티마 병원 소아청소년과 과장

김영진

아파서 병원에 가 본 경험은 누구나 있을 겁니다. 병원을 생각하면 하얀 가운을 입은 의사 선생님, 뾰족한 주사, 차가운 느낌의 진료 기구들이 떠오르죠? 이런 이미지들 때문인지 걱정되고 불안한 마음으로 병원을 찾게 되는데요. 환자들의 불안한 마음을 따뜻한 눈빛으로, 부드러운 손길로 어루만져 주시고, 환자들이 건강을 되찾을 수 있도록 노력하시는 의사 선생님이 계셔서 소개하고자 합니다.

Q 선생님께서 근무하고 계신 대구 파티마 병원에 대해 소개해주세요.

한국전쟁이 끝난 1956년 대구의 가난하고 아픈 환자들을 위해 툿찡포교 베네딕도 수녀회 소속의 수녀님들이 파티마 의원을 세워 무료 진료를 시작했습니다. 그 후 점점 성장해 현재의 대구 파티마 병원으로 발전하였습니다. 지금은 31개의 임상진료과와 650병상 규모로 대구 동구에서 가장 큰 종합병원으로 지역사회의 의료를 책임지고 있습니다.

의과대학은 입학하기도 어렵지만 공부하는 과정이 더 힘든 것으로 알고 있습니다. 의과대학 공부 과정을 간단하게 소개해주세요. 그리고 여러 진료과 중에 소아청소년과를 선택하시게 된 이유도 궁금합니다.

현재 의과대학 과정은 6년입니다. 처음 2년은 예과 과정으로 다른 대학생들과 비슷하게 교양 과목을 배우게 되고, 다음 본과 과정 1, 2학년은 해부학, 생리학 등 기초의학 과목을 공부합니다. 마지막 본과 3, 4학년 동안 내과, 외과 등 임상 진료과목을 배우면서 병원 실습도 같이하는 구조로 구성이 됩니다. 총 6년 과정을 모두 마치고 의사 국가시험을 보고 합격하면 의사가 될 수 있습니다. 그 후 각자 지원한 병원에서 인턴 의사 생활을 1년 한 후 여러 진료과 중에서 한가지 진료과를 선택하며 3~4년 동안 수련받은 후 자격시험을 통해 전문의가 됩니다. 저는 본과 3학년 때 소아과학 수업을 들으면서 그 분야에 관심을 가지기 시작했고, 본격적으로 실습과 인턴 생활을 하면서 아이들의 웃는 모습이 보기 좋아서 소아청소년과를 선택하게 되었습니다.

소아청소년과에서는 주로 어떤 진료를 하며, 선생님께서 진료하시는 대상은 주로 어떤 환자들인가요?

소아청소년과는 신생아부터 18세 이하의 내과적 질환을 가진 환자를 진료합니다. 일반외과, 정형외과, 신경외과 등 수술적 치료가 필요한 경우나 안과, 이비인후과 등 특정 신체 기관에 국한된 질환을 가진 경우는 해당 진료과에서 담당합니다. 소아청소년과 교과서에는 이런 글이 있습니다. "어린이는 작은 어른이 아니다." 어른과는 전혀 다른 어린이의 특징이 있어 내과와는 구별되는 다양한 질병이 있고 치료에도 큰 차이가 있습니다. 소아청소년과 내에서는 소화기 영양, 심장, 호흡기 알레르기, 신경, 혈액 종양, 신생아, 신장, 감염, 내분비, 중환자 분과로 나누어지며, 그중에서 저는 주로 감염, 소화기 영양, 호흡기 환자를 담당하고 있습니다. 제가 진료하는 환자는 주로 고열, 복통, 기침 증상뿐 아니라 매우 다양한 증상을 가지고 병원을 찾습니다. 환자는 각종 혈액검사나 영상 검사 및 약물 처방을 받거나 심한 경우 입원 치료를 받게 됩니다. 또한 환자가 아닌 정상적인 아이들의 발달에 대한 진찰과 육아에 대한 상담도 소아청소년과에서 담당하고 있는 부분입니다.

환자들을 진료하는 것 이외에 하시는 일이 있으신가요? 의사 선생님들의 병원에서의 일과가 궁금합니다.

환자를 진료하는 것 이외에 소아청소년과를 수련하고 있는 전공의 교육을 담당하고 있습니다. 아침에 출근하면 전공의 선생님이나 간호사와 함께 입원환자를 찾아가 회진을 합니다. 그리고 외래 진료실에서 환자를 진료하면서 필요한 경우 간단한 시술도 시행합니다. 선생님들에 따라서는 수술을 하시거나 위내시경이나 초음파 검사를 시행하는 경우도 있습니다. 또한 최신 의료지식을 습득하기 위해 자주 외부 학술모임에 참석해야 합니다. 또한 병원의 다양한 업무와 관련된 회의에 참여하여 의사결정을 하게 됩니다. 특히 저는 병원에서 '고객 행복실'이라는 부서를 맡고 있습니다. '고객 행복실'은 병원을 찾는 환자들이 치료를 받는 전 과정에서 불편함이 없도록 다양한 사람들과 협력하며 문제를 개선하는 일을 합니다. 또한 환자들의 만족도를 향상시키기 위한 여러 가지 프로젝트를 계획하고 실행하는 일을 맡아 하고 있습니다.

Q 선생님께서 진료하실 때 가장 중요하게 생각하는 것은 무엇인지 말씀해주세요.

저는 진료할 때 환자나 보호자가 우리 병원에서 어떤 경험을 하는지 가장 중요하게 생각합니다. 같은 약물이나 수술적 치료를 받더라도 진료 과정에서 충분히 배려받지 못했다면 기분이 썩 좋지 않을 것입니다. 저를 찾아오는 아이들과 보호자들이 따뜻한 의료를 경험할 수 있도록 최선의 노력을 다하고 있습니다. 아이들에게 밝게 웃으며 인사하고, 살며시 손을 잡아주고며 병원을 무서워하는 아이들에게는 동영상을 틀어두어 친숙한 분위기를 만듭니다. 보호자들에게는 알기 쉬운 설명으로 아이의 증상을 이해시켜 가정에서도 치료에 협조할 수 있도록 교육하고 있습니다.

소아청소년과 의사로 일하시면서 보람을 느끼실 때는 언제인지, 어려움을 느끼실 때는 언제인지 말씀해주세요.
여러 병원을 돌아다녀도 기침이 멈추지 않거나, 복통이 지속되어 힘들어하던 아이들이 저희 병원에서 치료가 되어 다시 웃음을 되찾는 것을 볼 때마다 큰 보람을 느낍니다. 그에 반해 태어날 때부터 많이 아프거나 회복이 불가능한 심각한 질병으로 더 이상 도와 줄 수 있는 방법이 없을 때 많이 안타깝습니다. 또한 아픈 아이들보다 더 마음이 아픈 부모님을 위로해주고 슬픔을 함께 나누어야 할 때 어려움을 느낍니다.

의사가 되고 싶은 학생들은 어떤 준비를 하면 좋을까요? 의사가 되고 싶다는 꿈을 가진 학생들에게 한 말씀 부탁드립니다.
의사는 전문적인 의료 서비스를 제공하는 직업으로 생명을 존중하며 환자에게 봉사하는 자세를 가져야 합니다. 무엇보다 타인에 대한 배려와 공감적 태도를 가지도록 노력해야 합니다. 예전과 달리 요즘은 의사가 된 이후 병원에서 진료하는 것 이외에도 변호사, 기자, 제약회사 임원, 사업가, 교수, 연구원 등 다양한 진로가 있습니다. 어렸을 때부터 꾸준히 학업에 집중하여 다양한 분야에 대한 지식을 배우고 익힌다면 의사가 될 수 있을 뿐 아니라 다양한 직업에 종사하는 의사로 살아갈 수도 있을 것입니다.

Q 책을 읽고 있는 어린이들이 건강한 생활을 위해 실천하길 바라는 점이 있다면 말씀해주세요.

제가 진료실에 부모님들에게 늘 하는 잔소리가 있습니다. 두 가지를 줄여야 건강한 아이를 키울 수 있습니다. 당류^{단 음식}를 적게 섭취하고, 스마트폰^{동영상, 게임 등} 사용시간을 최소로 줄여야 합니다. 코로나 시대를 겪으면서 소아 비만 환자가 급격하게 증가했습니다. 과도하게 달거나 기름진 가공식품의 섭취가 어린이들의 면역체계에 악영향을 주어 다양한 질병의 위험이 증가시키고 있습니다. 신선한 과일과 채소, 건강한 육류를 골고루 섭취하는 것이 건강한 생활의 기본입니다. 또한 스마트폰 사용이 늘면서 사회성 및 인지기능에 장애를 보이는 경우도 흔합니다. 미디어 사용을 줄이고 책을 많이 읽어 정서적인 건강을 유지하는 것이 어린이들의 건강한 성장에 매우 중요합니다. 책을 읽고 있는 우리 어린이들이 건강한 생활을 위한 규칙을 잘 지켜 몸과 마음이 튼튼한 어른으로 성장하기를 바랍니다.

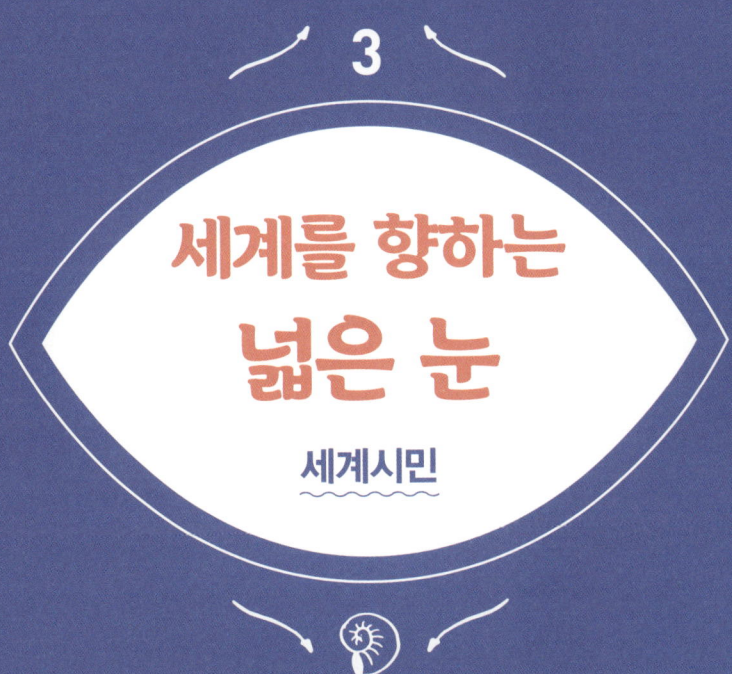

나눔

왜 음식을 남기면 안 되나요?

Q 왜 음식을 남기면 안 되나요?

저는 편식이 심해요. 맛있는 음식은 잘 먹는데 맛없는 음식은 진짜 못 먹겠어요. 그런데 집에서고, 학교 급식소에서고 음식을 남기면 어른들이 자꾸 눈치 줘요. 특히 올해 우리 반은 급식 안 남기면 선생님이 칭찬스티커도 줘요. 저는 아직 한 번도 받아보지 못했어요. 저는 많이 먹으면 배도 아프고, 먹기 싫은 거 먹으면 진짜 토할 것 같이 속도 안 좋아요. 이런 저도 꼭 음식 다 먹어야 하나요? 왜 음식을 남기면 안 되나요?

버려지는 음식들

어린이 여러분들은 하루에 얼마나 많은 양의 음식물이 버려지고 있는지 알고 있나요? 우리나라에서 하루에 버려지는 음식물 쓰레기의 양은 약 2만 톤(t)이라고 합니다. 얼마나 많은지 쉽게 이해가 되지 않죠? 여러분들이 길에서 쉽게 볼 수 있는 택배 트럭에 음식물 쓰레기를 가득 채우면 트럭의 개수가 2만 대가 된다는 이야기입니다. 이 양을 우리나라 국민의 수로 나누면 400그램(g)이라고 해요. 여러분이 좋아하는 치킨이 보통 800그램 정도이니 우리나라 국민들이 모두 매일 치킨 반 마리씩을 버리고 있다는 이야기에요.

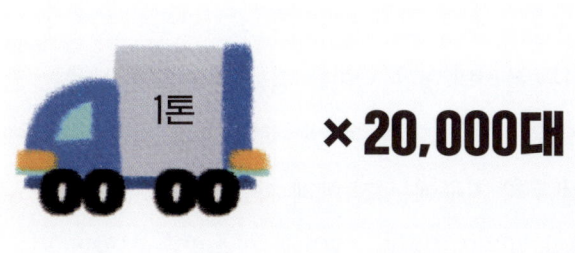

우리나라 1일 음식물 쓰레기양

기아로 고통받는 사람들

여러분은 '기아'라는 말을 들어본 적이 있나요? 기아란 먹을 것이 없어서 굶주리는 것을 말해요. 전 세계의 기아 문제를 해결하기 위해 만들어진 유엔 식량농업기구FAO에 따르면 2021년에는 약 8억 명이 기아를 겪었다고 해요. 우리나라 전체 인구의 약 16배 정도가 먹을 것이 없어서 굶주렸다는 뜻입니다. 우리나라에서는 하루에 한 사람당 치킨 반 마리씩 버리고 있는데 우리나라 인구의 16배가 되는 사람들은 먹을 것이 없어서 굶주리고 있다는 사실에 대해 어떻게 생각하나요?

세계의 식량

세계에는 우리나라처럼 음식이 남아서 버리는 곳도 있고, 며칠 동안 아무것도 먹지 못해 굶어 죽는 사람들도 있어요. 우리가 먹을 수 있는 음식의 양은 넘치는 걸까요? 아니면 부족한 걸까요?
음식으로 만들어 먹을 수 있는 모든 것을 통틀어 식량이라고 해요. 사실 우리 지구에는 전 세계 사람들이 모두 먹고도 남을 만큼의 식량이 있다고 합니다. 그런데 이 식량은 사람만 먹는 것이 아니라는군요.

곡물이 사용되는 곳

식량 중 가장 많은 양을 차지하는 것은 곡물이에요. 곡물은 쌀

처럼 우리가 먹을 수 있는 낱알, 즉 껍질을 벗기지 않은 단단한 알갱이들을 말해요. 옥수수와 땅콩도 곡물의 한 종류랍니다. 과거에는 곡물이 우리 인간의 식량으로만 사용되었지만, 지금은 가축이 먹는 사료로도 사용되고 있어요. 또 최근에는 과학기술이 발달하면서 곡물을 이용해 바이오 연료를 만들기도 해요. 석유와 달리 환경오염 물질이 없어 인기가 많아요.

  곡식이 인간의 먹거리로만 사용되던 과거와 달리 가축의 사료와 바이오 연료로까지 사용되기 시작하면서 많은 사람들은 걱정을 하고 있어요. 먹을 것이 없어서 기아를 겪고 있는 사람이 많은데 곡물을 가축과 자동차나 비행기와도 나누어 먹어야 하니깐요.

인간의 식량

가축의 사료

바이오 연료

육식과 기아

공업이 다른 나라보다 앞서 돈이 많은 나라의 경우는 인간이 먹는 곡물의 양보다 가축이 먹는 곡물의 양이 더 많아요. 음식으로 고기를 먹는 육식이 늘어나고 있어 가축의 수가 많아졌기 때문이에요. 그러다 보니 어떤 나라의 사람들은 다른 나라의 가축들도 마음껏 먹는 곡물을 먹지 못해 굶주리는 경우가 많아요. 우리가 버리려고 하는 고기반찬이 굶주림을 겪고 있는 누군가가 먹고 싶어 했던 곡물을 가축에게 먹여 만든 것이라면 다시 생각해보아야 하지 않을까요?

우리나라 식량 자급률

한 나라 안에서 식량을 얼마나 스스로 마련할 수 있는지 나타내는 것을 식량 자급률이라고 합니다. 우리 어린이들은 대한민국의 식량 자급률이 어느 정도라고 생각하나요? 도시국가를 제외하면 세계에서 제일 낮다고 합니다. 주변을 둘러보면 기아를 겪고 있는 사람들도 쉽게 찾을 수 없는데 어떻게 그런 결과가 나오냐고요? 그건 우리나라가 식량 대부분을 다른 나라에서 들여오기 때문이에요. 이렇게 다른 나라에서 물건을 사서 우리나라로 들여오는 것을 수입이라고 해요. 우리나라는 필요한 식량의 절반 이상을 외국에서 수입하고 있기에 자급률이 낮아도 먹을 것이 풍족해 보여요.

그런데 우리나라처럼 자급률이 낮은 나라들은 수입을 할 수 없는 사건이 발생하면 곤란해질 수 있어요.

식량과 지구 환경

우리가 버린 음식물 쓰레기는 사료나 비료로 재활용하고 있어요. 사료는 동물의 먹이를 말하고, 비료는 식물이 잘 자라도록 땅에 섞어주는 것을 말해요. 하지만 사료나 비료를 만드는 과정에서 많은 양의 깨끗한 물이 낭비되고, 기후변화를 일으킬 수 있는 가스가 나오기도 해요.

또 가축의 사료나 바이오 연료를 만들 수 있는 특정 곡물을 많이 재배하기 위해 숲의 나무를 베어 대규모농장을 만드는 것도 걱정이에요. 지구의 허파라고 불리는 아마존을 알고 있나요? 숲에 나무가 많아서 지구 산소 전체의 20% 정도를 생산해냈기에 아마존은 지구의 허파라는 별명을 가지게 되었어요. 그런데 최근에는 아마존의 나무를 베어내고 대신 그곳에서 식용 가축을 키우거나 플랜테이션이라 불리는 대규모농장을 만들고 있어요. 아마존의 나무가 사라지면 당연히 산소 배출량이 줄어들어 지구 환경에 큰 문제가 되겠

플랜테이션 Plantation

주로 열대·아열대 지역에서 한 가지의 작물만을 재배하는 대규모농장을 말합니다. 아마존에서는 가축의 사료로 활용될 수 있는 콩과 옥수수를 대량 재배하는 플랜테이션이 많으며, 동남아시아의 말레이시아 같은 경우는 바이오 연료의 재료가 될 수 있는 팜오일Palm Oil, 기름야자 플랜테이션이 많지요. 산소 배출을 많이 하는 숲을 없애 플랜테이션을 만들고 있어서 문제입니다.

죠? 어떤 환경학자들은 이미 아마존이 내보내는 산소의 양보다 이산화탄소의 양이 더 많아 더 이상 지구의 허파가 아니라고 말하고 있어요.

유엔의 목표 SDGs

기아나 환경오염 같은 문제는 어느 한 국가만의 문제가 아니고 혼자서 해결할 수도 없어요. 이런 세계적인 문제를 해결하기 위해 만들어진 것이 국제연합, 즉 UN이랍니다. 우리 어린이들은 반기문 전 사무총장 덕분에 UN이라는 곳의 이름을 위인전에서 봤을 수도 있을 것 같군요.

UN에서는 지구의 지속 가능한 발전을 위해 17개의 목표를 정했어요. 그리고 2030년까지 목표 달성을 위한 가입국의 노력을 요청하고 있답니다. 우리는 이것을 '지속 가능한 발전을 위한 목표들'이라는 영어 표현의 첫 알파벳들을 모아서 SDGs 라고 불러요.

SDGs의 목표 2번은 기아 종식이에요. 종식이라는 말은 한때 매우 많이 일어났던 일이나 현상이 없어지는 것을 말해요. 즉, 현재 전 세계 인구의 9분의 1이 기아로 힘들어하는 이 상황이 끝나 기아가 없어지는 것을 기아 종식이라고 해요.

그리고 또 하나, SDGs의 12번에서는 책임 있는 소비와 생산을 위해 1인당 음식물 쓰레기를 절반으로 줄이자는 목표를 정했답니다. 우리나라도 UN 가입국이니 기아 종식과 음식물 쓰레기 줄이기를 위해 함께 노력해야겠죠?

유통기한과 소비기한

　우리 어린이들은 유통기한과 소비기한에 대해 알고 있나요? 공통으로 들어 있는 기한이라는 말은 끝나는 날짜를 미리 정해두는 것을 말해요. 유통기한이란 먹을거리나 약 같은 것을 가게에서 팔 수 있는 날짜를 말해요. 그리고 소비기한은 우리가 산 물건에 적혀 있는 보관 방법대로 보관했을 경우 먹어도 안전에 이상이 없는 날짜를 말한답니다. 당연히 유통기한보다 소비기한이 길겠죠?

　우리나라의 경우 원래 식품이나 약품에 유통기한을 적었어요. 그런데 늘어나는 음식물 쓰레기 때문에 2023년부터는 소비기한을 적도록 법이 바뀌었어요. 보관만 잘하면 충분히 먹을 수 있는 음식이 버려지는 것을 막기 위해서예요. 하지만 중요한 것은 보관을 잘한 경우라서 식품을 사게 되면 겉면에 적혀있는 보관 방법을 꼭 확인하고 잘 지켜야 한답니다.

못 먹는다고 말 할 수 있는 용기

선생님에게 한 어린이가 물었어요. 자신은 편식이 심해서 먹기 싫은 음식을 먹으면 속이 불편한데도 음식을 남기면 안 되냐고요? 선생님은 그 어린이에게 이야기해주고 싶어요. 편식이 무조건 문제가 있는 것은 아니랍니다. 세상에는 엄청나게 많은 식재료와 조리된 음식이 있어요. 그중 나의 입에 맞지 않는 재료나 음식은 충분히 있을 수 있답니다. 또 어떤 친구들은 특정 재료로 만든 음식에만 알레르기 반응을 일으키기도 해요. 상추를 못 먹는 친구가 배추김치는 잘 먹을 수도 있는 것처럼요. 이런 편식은 문제가 없어요. 돼지고기를 못 먹으면 닭고기로 단백질을 보충하면 되고, 수박을 못 먹으면 메론으로 여름 비타민과 수분을 섭취하면 되니깐요.

하지만, 초코아이스크림이 맛있다고 하루 3끼 모두 초코아이스크림만 먹는다면 충분한 영양소를 섭취할 수 없겠죠? 중요한 것은 하루 동안 우리 어린이들의 성장에 꼭 필요한 영양소를 골고루 섭취해서 우리 몸이 아프지 않도록 하는 것이지 모든 음식을 무조건 잘 먹는 것이 아니랍니다. 우리에게는 당당하게 "저 그 음식 못 먹어요."라고 말 할 수 있는 용기가 필요해요.

먹을 수 있는 만큼만 받기

더불어 내가 좋아하는 음식도 욕심내지 않고 먹을 수 있는 만큼만 받아야 해요. 어린이들은 물론 어른인 선생님도 음식을 보면 많이 먹을 수 있을 것 같은 식욕이 마구마구 솟아난답니다. 하지만 막상 먹어보면 늘 음식이 남아요. 음식을 받을 때는 평소 나의 양을 잘 참고해서 꼭 먹을 수 있는 만큼만 받아서 음식물 쓰레기를 줄이도록 노력하는 것이 좋아요.

🎤 인터뷰 OO초등학교 2학년 OOO

저는 먹을 것이 없어서 굶는 친구들이 아프리카에만 있는 줄 알았어요. 근데 우리나라에도 밥을 굶는 친구들이 있다고 해요. 그 친구들을 돕고 싶어 엄마가 굽기 위해 꺼내놓은 햄 두 통 중 한 통을 따로 챙겼어요. 솔직히 우리 가족은 3명밖에 없어서 햄을 구우면 한 통은 부족하고 두 통은 늘 남았어요. 두 통을 구워 버리는 것보다 한 통만 구워서 햄이 조금 모자라면 다른 반찬을 더 먹기로 했어요. 라면도 한 봉지를 다 먹지 못해서 반은 버렸어요. 엄마도 다이어트 때문에 다 먹지 않고 버리는 일이 많아요.
그래서 얼마 전에는 엄마에게 한 봉지 끓여서 반씩 나누어 먹고 조금 부족하면 밥을 함께 먹자고 했어요. 그리고 라면 한 봉지는 따로 모아뒀어요. 이렇게 깡통 햄과 라면을 모아 푸드뱅크라는 곳에 가지고 갈 거예요. 푸드뱅크는 제가 모은 식품을 가지고 가면 그 식품을 밥을 굶는 친구들에게 대신 전해 주신대요. 푸드뱅크 누리집에서 우리 동네 푸드뱅크의 정확한 위치도 미리 찾아두었어요.

 **함께 살펴보면 좋아요**

교과서 6학년 《도덕》 〈함께 살아가는 지구촌〉
함께 만드는 사랑이 가득한 지구촌 부분을 공부할 때 함께 살펴보아요.
교과서 6학년 《사회》 2학기 2단원 3주제 〈지속 가능한 지구촌〉
빈곤과 기아 문제를 해결하기 위한 노력을 조사할 때 함께 살펴보아요.

공평과 평등

'노키즈존 No Kids Zone'은 필요할까요?

?

Q '노키즈존 No Kids Zone은 필요할까요?

친구 가족과 함께 부산의 바닷가로 함께 여행을 떠났어요. 바닷가에서 신나게 놀다가 바다가 보이는 경치 좋은 카페를 찾아가게 되었어요. 엄마가 인터넷에서 검색하여 찾은 유명한 카페라고 해서 모두 잔뜩 기대를 하고 들어갔어요. 들어가자마자 점원이 나와 "이 카페는 '노키즈존'으로 운영되고 있어서 아이들을 데리고는 들어오실 수 없습니다."라고 하는 거예요. 모두 실망한 채로 카페를 나왔어요. '노키즈존'은 왜 만들어졌는지, 꼭 필요한 것인지 궁금해졌어요.

'노키즈존 No Kids Zone'이란?

노키즈존No Kids Zone이란 영유아와 어린이와 함께 온 고객의 출입을 제한하는 곳, 영유아와 어린이의 출입을 금지하는 가게를 가리키는 신조어새로 생긴 말예요. 주로 커피 전문점이나 음식점, 고급 가구점 등이 많으며 어린이들이 가게를 지저분하게 만들고 간다거나 다른 손님들에게 피해를 준다는 이유, 즉 장사를 하는 데 피해를 주니 어린이 손님은 받지 않겠다는 뜻이죠.

노키즈존 표시

'노키즈존No Kids Zone'을 선택하는 가게들이 많아지게 된 계기가 있었나요?

2011년 한 식당에서 뜨거운 물이 담긴 그릇을 들고 가던 종업원과 부딪힌 10세 어린이 손님이 화상을 입은 일이 있었다고 해요.

식당과 어린이의 부모 간 다툼이 계속되다가 2013년 부산지방법원은 식당 주인과 종업원에게 4,100만 원을 배상하라는 판결을 내렸어요. 법원은 10세 어린이 부모의 책임을 30%로, 식당 주인과 종업원의 책임을 70%로 보았어요. 식당의 책임이 부모의 책임보다 훨씬 크다는 법원의 판단에 대해 여러분이 만약 가게를 운영하는 주인의 입장이라면 어떤 생각이 들 것 같나요? 위와 같은 판결에 대해 식당을 운영하는 사람들의 입장에서는 앞으로 어린이를 데리고 오는 손님을 받는 것은 위험한 일이라는 인식을 갖게 해준 것 같아요. 이 일을 계기로 노키즈존을 선택하는 가게들이 늘어나게 되었다고 하네요.

> **배상** 賠償
>
> 어떤 사실로 남에게 끼친 손해를 발생하지 않았을 때와 같은 상태로 되돌리는 일을 말합니다. 일반적으로 손해배상이라고 하지요. 보통은 도의적인 책임으로 하지만, 서로가 책임 유무를 다툴 때에는 법률행위인 계약이나 법률의 규정에 따라야만 합니다.

'노키즈존 No Kids Zone'에 대한 우리나라 사람들의 생각은?

노키즈존 운영에 대한 사람들의 인식 조사

노키즈존이 무엇인지 잘 알고 있다 57%, 처음 듣는다 20%
50대는 40%, 60세 이상은 35%만이 노키존이 무엇인지 잘 알고 있다고 답해

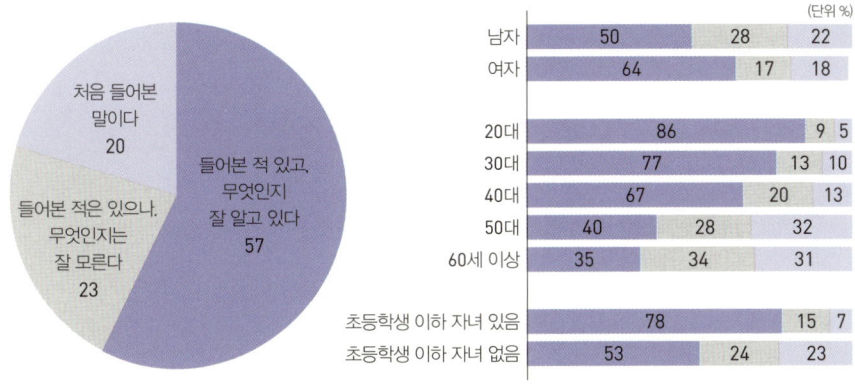

질문: '노키즈존(No Kids Zone)'이 무엇인지 알고 계십니까?
표본 수: 1,000명
조사기간: 2021. 11.12~15

【출처】한국리서치 여론 속의 여론

위의 표는 2021년 11월 '한국리서치'라는 조사기관에서 노키즈존 운영에 대한 사람의 인식을 조사한 내용이에요. 전체 응답자의 71%가 '가게 주인의 자유에 해당하고 다른 손님에 대한 배려도 필요하기 때문에 노키즈존을 허용할 수 있다'고 답했네요.

반면 '어린이와 어린이 동반 손님을 차별하는 행위이고, 출산 및 양육에 부정적인 영향을 주므로 허용할 수 없다'는 응답은 17%에 그쳤어요. 노키즈존을 찬성한다는 사람들이 많다는 것을 나타내고 있죠. 전 연령대에서 최소 66% 이상이 노키즈존을 허용할 수 있다, 즉 찬성한다고 답했고, 초등학생 이하 자녀가 있는 응답자 중에서도 70%가 허용할 수 있다고 밝혔네요.

조사 결과에 따르면 노키즈존을 찬성하는 사람들이 많다는 것인데요. 반면에 2017년 국가인권위원회는 한 파스타 식당에서 13세 이하의 아동을 제한한 것을 '나이를 이유로 한 불합리한 차별 행위'라고 결정했어요. 어린아이 등 특정 집단의 서비스 이용을 막는 것은 이해할 만한 사유가 있어야 한다는 것이죠. 다만 인권위원회의 결정은 강제력이 없기 때문에 여전히 많은 가게를 운영하는 사람들이 노키즈존을 운영하고 있어요.

<유엔아동권리협약>으로 보는 노키즈존 No Kids Zone

<유엔아동권리협약>이란 18세 미만 모든 아동의 권리를 명시한 국제적인 약속으로 아동을 보호해야 할 대상이 아니라 권리를 가

진 주체적인 인격체로 처음 인정했다는 점에서 아동 인권에 대한 새로운 의견을 제시했다는 평가를 받고 있어요. 1990년 9월, 20개국이 협약을 지키겠다는 절차를 마침으로써 국제법이 되었고 우리나라는 1991년 11월 협약을 지킨다는 것에 동의했어요.

〈유엔아동권리협약〉 제31조

1. 아동은 휴식과 여가를 즐기고, 나이에 맞는 놀이와 오락 활동, 문화 예술 활동에 자유롭게 참여할 수 있는 권리를 가진다.
2. 각 나라 정부는 이러한 아동의 권리를 존중하고 증진하며, 모든 아동에게 문화, 예술, 오락 및 여가활동을 위한 적절하고 균등한 기회를 제공해야 한다.

〈유엔아동권리협약〉 제31조는 아동의 놀 권리를 보장해야 한다고 말하고 있어요. 아동들의 놀 권리를 방해하는 장애물로 놀이에 대한 사회 전반의 인식이 부족한 것과 특정 장소의 출입제한을 꼽고 있어요. 아동들이 내는 소음을 참지 못하는 사람들, 아동들이 지키기 어려운 엄격한 규칙을 적용해 출입을 제한하는 장소 등이 장애물의 대표적인 예시예요. 〈유엔아동권리협약〉에 따르면 노키즈존의 운영은 아동의 놀 권리를 제한하는 경우에 해당하는 거죠. 무언가를 제한하기보다는 위협을 줄이려는 노력을 해야 한다고 강조해요. 아동의 안전을 보장할 수 있는 방법을 마련하는 데에 최선을 다해야 한다는 의견이에요.

소란을 피우는 아이들, 상식 밖의 행동을 하는 부모들 때문에 가게 운영에 방해가 된다고요! vs 노키즈존은 분명 어린이에 대한 차별이라고요!

노키즈존이 등장한 이유는 일부 자기만 생각하고 다른 사람들에게 피해를 주는 부모들 때문이라고 할 수 있어요. 아이를 데리고 온 손님들의 이해할 수 없는 행동으로 노키즈존을 운영하는 가게가 늘고 있지만 다른 한 편에서는 노키즈존은 어린이에 대한 차별이며 일부 상식 밖의 행동을 하는 사람들로 인해 다른 사람들을 배려하며 가게를 이용하고 있는 대다수의 사람들이 가고 싶은 음식점이나 가게를 이용하지 못하게 되어 피해를 입고 있다고 할 수 있어요. 노키즈존 운영을 찬성하는 카페 사장님과 반대하는 아기 엄마의 입장을 들어보도록 할까요?

노키즈존을 찬성하는 카페 사장님

> 한 손님이 아기를 데리고 왔었는데 아기의 변이 묻은 기저귀를 테이블 위에 놓고 가서 다음에 온 손님이 불쾌감을 느끼고 이야기한 적이 있어요. 그리고 카페를 뛰어다니거나 소란스럽게 해서 다른 손님들이 불편함을 이야기한 적도 많았고요. 그럴 때마다 많이 당황스럽고 아기나 어린이를 데리고 오는 손님은 받고 싶지 않다는 생각에 노키즈존을 운영하게 되었어요.

노키즈존을 반대하는 아기 엄마

기저귀를 테이블에 올려놓고 간 아기 부모의 행동은 분명 잘못되었고 다음에 그 테이블을 이용한 손님이 기분 나빴을 것 같아요. 하지만 아기를 데리고 오는 모든 부모들이 그런 행동을 하는 것도 아니고 일부 자기만 생각하는 사람들 때문에 사장님의 카페를 이용하고 싶은 사람들까지 이용하지 못하는 상황이 생길 수 있어요. 그렇다면 사장님 가게 매출도 줄어드는 것 아닌가요?

노키즈존을 찬성하는 카페 사장님

우리 카페를 이용하고 싶지만 노키즈존 운영으로 인해 오시지 못하는 분들에게는 미안한 마음도 듭니다. 그리고 매출이 줄어드는 것도 맞고요. 하지만 아이를 데리고 와서 다른 손님들에게 피해를 주는 일부 부모들로 인해 우리 카페에 대한 소문도 나쁘게 날 수 있고 그로 인해 손님이 줄어드는 경우도 있기 때문에 저는 아기나 어린이를 데리고 오는 손님을 받지 않는 편이 마음 편하고 좋아요.

노키즈존을 반대하는 아기 엄마

그런 사장님의 마음도 이해가 가지만 일부에서는 노키즈존 운영이 특정 고객에 대한 차별이며 어린이가 부모와 함께 즐거운 시간을 가질 권리를 빼앗는 인권 침해라는 의견도 있는데 어떻게 생각하시나요?

노키즈존을 찬성하는 카페 사장님

> 노키즈존이 어린이에 대한 차별이라는 의견이 있다는 것은 저도 알고 있어요. 하지만 가게를 운영하는 입장에서 볼 때 우리 카페를 찾는 손님들이 편안한 분위기 속에서 즐거운 시간을 보내다 갈 수 있도록 그분들의 권리를 보호하는 것도 제가 할 일이라고 생각하기 때문에 손님들의 편리함을 보장하기 위해 노키즈존을 운영하는 것은 정당한 방법이라고 생각해요.

여러분, 노키즈존의 운영을 찬성하는 쪽과 반대하는 쪽의 의견을 들어보았어요. 책을 읽고 있는 여러분은 어린이들이기 때문에 노키즈존 운영에 반대하는 친구들이 많겠죠? 어느 쪽 입장이 더 공감이 가는지 궁금하네요.

'노키즈존 No Kids Zone' NO!
어린이들을 환영하는
'예스키즈존 Yes Kids Zone'이 뜬다

영유아와 어린아이들과 함께 온 손님을 받지 않는 노키즈존 관련 찬반 논란이 뜨거운 가운데 아동의 출입을 금지한 일부 식당과 카페 등의 노키즈존 방침에 대한 적극적인 대응으로 예스키즈존이 뜨고 있다고 해요. 최근 한 패스트푸드점은 "온 세상 어린이 환영"이라는 메시지와

제품을 홍보하는 예스키즈존 광고로 큰 호응을 끌었어요. 시민들은 이 광고를 온라인상에서 공유하면서 "노키즈존 논란이 많은 상황에서 올바른 방향으로의 영업"이라며 공감하기도 했다고 하네요.

'경주엑스포대공원', YES 키즈존으로 주목받다

 넓은 잔디밭과 다양한 놀거리가 어우러져 있는 '경주엑스포대공원'이 영유아나 어린이들 출입을 환영하는 예스키즈존으로 주목받고 있다고 해요. 축구장 80개를 합한 규모의 공원, 지난해 문을 연 '화랑아 놀자'는 대형 슬라이드 트램펄린과 빅 블록, 볼풀장 등의 놀거리를 제공하고 있으며 그 외에도 바닥분수, 꽃밭 놀이터, 솔거미술관, 자연사 박물관 등 다양한 공간을 구성하여 어린아이를 둔 부모가 안심하고 아이들과 함께 시간을 보낼 수 있어요.

> 놀거리가 많아서 좋아.

> 여기에서는 마음껏 놀 수 있어!

노키즈존 운영에 대한 찬성 및 반대 의견이 여전히 맞서고 있어요

공공장소에서 뛰어다니고 떠들어 다른 손님들에게 피해를 주는 아이들, 다른 사람은 전혀 배려하지 않는 이해할 수 없는 행동을 하는 부모들로 인해 노키즈존을 운영할 수밖에 없다는 노키즈존을 찬성하는 입장과 일부 피해를 주는 행동을 하는 사람들로 인해 가고 싶은 장소에 아이들과 함께 갈 수 없고, 아이들의 놀 권리를 침해하는 노키즈존을 반대하는 입장이 여전히 뾰족한 해결책 없이 맞서고 있어요. 노키즈존에 대한 반발로 예스키즈존을 운영하는 곳들도 늘고 있고, 노키즈존이 사람들로부터 부정적인 반응을 얻으면서 일부 가게를 운영하는 사람들이 아이의 입장 자체는 막지 않되 부모에게 자녀를 적극적으로 돌볼 것을 제안하는 키즈케어존을 운영하는 곳도 생겨나고 있죠. 각자의 입장에 따라 노키즈존을 찬성하기도 하고 반대하기도 하지만 특정집단을 차별하는 것에 대해서는 한 번쯤 깊이 있게 생각해볼 필요가 있으며 다른 사람을 배려하는 우리 사회 전반에 걸친 인식의 변화가 요구되고 있다는 것은 분명한 사실이라는 생각이 드네요.

노키즈존 운영에 대한 여러분의 생각은 어떠한가요?
찬성 또는 반대로 의견을 정한 후 근거를 들어 주장하는 글을 간단히 써보도록 해요.

함께 살펴보면 좋아요

교과서 5학년 《사회》 1학기 2단원 1주제 〈인권을 존중하는 삶〉
인권의 의미를 공부할 때 함께 살펴보아요.

인물탐구

이 시대의 선교사
'배워서 남 주는 삶'을 살고 있는

채원일 & 최정미

나누고 베풀며 본인들의 삶이 더 풍요롭고 가치롭게 되었다고 말하는 두 분이 있습니다. 현재 캄보디아에서 6년째 봉사활동을 하고 있는 채원일, 최정미 선교사님의 '배워서 남 주는 삶'의 이야기를 들어볼까요?

Q 선교사님 소개 좀 부탁드립니다.
저희는 경주 건천 중앙교회 소속으로 캄보디아에 파송된 선교사 부부 채원일, 최정미입니다.

Q 해외 봉사활동을 많이 다니신 것으로 압니다. 언제부터 하셨는지, 그리고 주로 어디에서 어떤 봉사를 하셨는지 궁금합니다.
봉사활동은 15년 정도 한 것 같습니다. 주로 인도, 중국, 필리핀, 캄보디아에서 했습니다. 중국에서는 북한 탈북자들을 보살폈고, 인도와 필리핀은 빈민가에서 봉사했습니다. 그리고 현재 6년째 캄보디아의 빈민가에서 봉사 중입니다.

저희가 하는 일은 경제적으로 어려운 빈민가의 어린이들에게 집을 지어주고, 먹을 것을 제공해 학교에 갈 수 있도록 돕고 있습니다. 그리고 그 어린이들에게 꾸준히 악기를 가르치며 음악으로 행복을 느낄 수 있도록 돕고 있습니다.

Q 선교사라는 직업은 어떤 직업인가요?

선교사는 교회가 없는 해외에 나가 교회를 세우고 종교활동을 합니다. 그리고 종교활동과 더불어 교육을 받을 수 있도록 돕거나 기술을 가르쳐 인재를 양성하는 일을 합니다.

Q 우리 어린이들이 선교사님들처럼 봉사하는 삶을 살기 위해서는 어떤 준비를 해야 할까요?

선교사 같은 경우는 선교사를 파송派送, dispatch, 어떤 임무를 맡겨 임지로 보냄하는 단체에 따라 다르나 단체에서 원하는 훈련 기간을 거쳐야 합니다. 훈련기관과 장소는 다르지만 종교심과 섬김의 마음, 긍휼가엾게 여겨 돌보아 줌의 마음, 헌신 된 마음가짐은 공통적으로 필요합니다.

Q 봉사활동을 하시면서 가장 기억에 남는 추억 하나만 알려주세요.

사카린이라는 14살 남자아이가 있었어요. 혈우병血友病, 조그만 상처에도 쉽게 피가 나고, 잘 멎지 아니하는 유전병으로 거의 걷지 못하는 상황이었고, 3평 정도 되는 집에서 다섯 식구가 어렵게 살고 있었죠. 저희는 사카린의 치료에 집중했고, 현재 19살의 건강한 청년이랍니다. 요즘에는 아버지를 도와 고기 잡는 일을 하며 모든 일에 감사한 마음으로 살아가고 있답니다.

Q 세계시민으로 성장할 우리 어린이들에게 마지막으로 해주고 싶으신 말씀이 있나요?

'배워서 남 주는 삶' 그것이 처음에는 미련해 보여도 그것만큼 값지고 귀한 일은 없을 거예요. 점점 더 각박해져가는 이 세상에서 저희는 나누고 베푸는 삶을 살고 있습니다. 나눔을 통해 더 풍요롭고 가치로운 삶을 경험한 사람으로서 어린이들에게 조심스럽게 이야기하고 싶습니다. "우리 나누고 살아요."

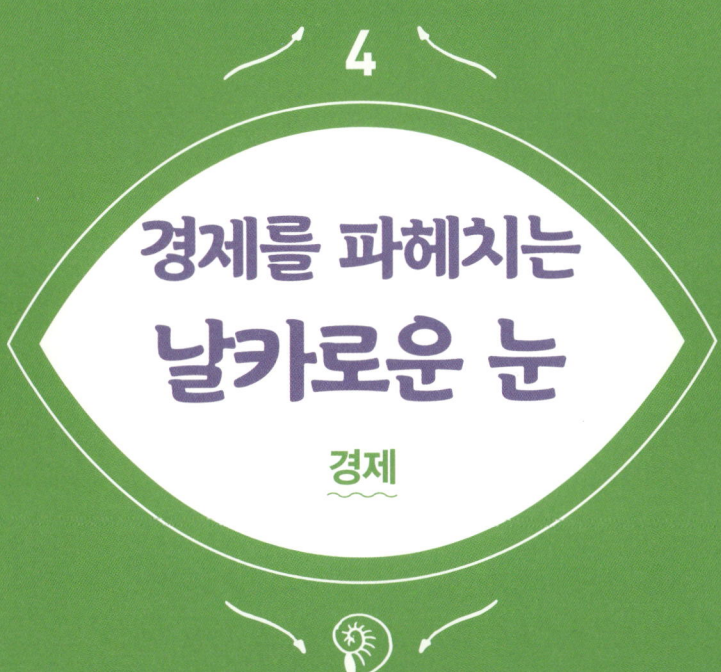

마케팅

타이어 회사 '미쉐린'에서 왜 식당 및 여행 안내책을 만들었을까요?

?

Q 타이어 회사 '미쉐린'과 《미쉐린 가이드》 안내책은 어떤 관련이 있을까요?

아빠, 엄마와 함께 지난 겨울방학에 서울 여행을 가게 되었어요. 경복궁을 돌아보고 인사동의 유명한 만두 요리 식당에서 식사를 하게 되었는데 가게 입구에 빨간색으로 된 마크가 여러 개 붙어있어 엄마에게 뭐냐고 물었어요. 이 식당이 《미쉐린 가이드 서울》에 4번이나 추천된 맛집이라는 엄마의 대답에 《미쉐린 가이드》가 무엇인지 궁금해졌어요. 엄마의 말씀으로는 타이어 회사 '미쉐린'에서 만든 식당 및 여행 안내책이라는데 타이어 회사에서 왜 식당과 여행 관련 책을 만들게 되었을까요?

타이어 회사 '미쉐린'이 《미쉐린 가이드》를 만든 이유를 알기 위해서 먼저 '미쉐린'이 어떤 회사인지 《미쉐린 가이드》는 어떤 책인지에 대해서 먼저 알아볼 필요가 있을 것 같아요. 지금부터 함께 알아보도록 할까요?

'미쉐린Michelin'은 어떤 회사인가요?

Michelin은 미쉐린 또는 미슐랭이라고도 읽으며 프랑스의 타이어를 만드는 회사예요. 미쉐린을 세운 사람은 앙드레 미슐랭과 에두아르 미슐랭 형제로 처음에는 고무로 된 마차 바퀴용 부품을 만드는 공장을 운영했다고 해요. 구멍 난 자전거 바퀴를 수리하다 우연히 아이디어가 떠올라 바퀴에 쉽게 뗐다 붙였다 할 수 있는 자전거 타이어를 개발하게 되었고 1895년에는 직접 만든 타이어를 끼운 '번개'를 타고 자동차 경주에 참가했다고 해요. 우승은 하지 못했지만 세계 최초로 공기를 넣은 타이어를 개발한 형제의 이름은 전 세계로 퍼져 나갔어요. 그때부터 본격적으로 타이어를 개발하기 시작했고 '미쉐린'은 타이어 회사로 지금까지 이름을 이어오고 있어요.

'미쉐린' 타이어 회사의 놀라운 업적

에너지 소비율이 낮고 타이어 닳음이 적은 안전한 그린타이어 최초 개발
타이어 닳음이 적은 래디얼 타이어포장도로용 타이어 항공기용으로 개발 (1981년)
미국 왕복선 아틀란티스호가 임무를 마치고 지구에 돌아올 때 사용했던 착륙용 타이어도 미쉐린 타이어(1995년)
세계 최초로 공기 없는 타이어 '트윌' 발표 - 《파퓰러사이언스》잡지 100대 창의적 발명품으로 선정(2005년)
파리 모터쇼에서 타이어 안에 전기모터, 브레이크멈춤장치, 서스펜션충격흡수장치 부착된 '액티브힐' 발표(2008년)

《미쉐린 가이드》는 어떤 책일까요?

프랑스의 타이어 회사인 '미쉐린'사에서 펴낸 전국의 여행안내서로 1900년 타이어를 사는 손님에게 무료로 나누어주던 자동차 여행 안내 책자에서 출발했다고 해요. 프랑스어로는 '기드 미슐랭 Guide Michelin'이라고 부른답니다. 미쉐린 가이드를 탄생시킨 앙드레 미슐랭은 프랑스를 여행하는 운전자들에게 필요한 정보를 주자는 뜻에서 무료로 여행·식당 정보 안내서를 펴냈어요. 초기에는 타이어 정보, 도로 법규, 자동차 정비 방법, 주유소 위치 등이 주된 내용이었고, 식당 소개는 운전자의 배고픔을 달래주는 차원에 지나지 않았다고 해요. 해가 갈수록 좋은 평가를 받자 1922년부터 돈을 받고 팔기 시작했고 이후 대표적인 식당을 소개하는 책으로 이름을 알렸다고 해요.

《미쉐린 가이드》는 크게 그린가이드와 레드가이드로 매년 봄에 나오는데 레드가이드는 일반적으로 알려져 있는 레스토랑 정보를 전문적으로 소개하며 레스토랑 등급에 따라 별점을 매기는 것이고, 그린가이드는 여행 및 관광 정보를 소개하고 있다고 해요.

그렇다면, 타이어 회사 '미쉐린'이 왜 '미쉐린 가이드'를 만들었을까요?

자동차의 역사

인류가 바퀴를 발명한 것은 약 6,000년 전입니다. 오랜 기간 동안 사람이나 동물의 힘을 활용해 차를 움직였습니다. 그러다가 17세기 중반에 증기기관이 실용화되자 1770년 프랑스의 퀴뇨가 역사상 처음으로 기계의 힘에 의해 주행한 증기자동차를 발명합니다. 따라서 프랑스에서 타이어 산업이 발전할 수 있는 계기가 되었습니다.

미슐랭 형제는 왜 《미쉐린 가이드》를 만들게 되었을까요?

1889년에 프랑스의 앙드레와 에두아르 미슐랭 형제는 미쉐린 타이어 회사를 설립하게 되었어요. 당시 프랑스에는 자동차 수가 3,000대에도 못 미쳤을 뿐만 아니라 도로 상태가 좋지 않아 운전을 하는 것이 위험하게 여겨졌다고 해요. 차를 가지고 있지만 운전을 하지 않는 사람들이 많아 타이어를 바꿀 필요도 없었겠죠? 타이어 회사를 운영하던 미슐랭 형제는 '어떻게 하면 타이어를 많이 팔 수 있을까?' 고민하게 되었답니다.

　때마침 프랑스 자동차 산업이 미국이나 일본, 특히 독일 쪽으로 넘어가면서 매출이 줄자 자동차의 주행을 늘려 타이어 판매를 늘리고자 자동차를 타고 가서 먹을 수 있는 고급 레스토랑 가이드인 《미쉐린 가이드》를 발간하면서 자동차 회사가 외식에 연결되는 고급스러운 전략을 폈다고도 볼 수 있어요. 사람들에게 여행 안내책을 무료로 제공하면 여행을 하고 싶은 생각이 들고 그러면 자동차를 구입하는 사람들도 늘 것이고, 자동차가 늘어남에 따라 타이어를 찾는 사람도 많아서 판매량이 늘어날 것이라는 예상이었던 것이죠. 어때요? 미슐랭 형제의 아이디어가 멋지지 않나요?

앙드레와 에두아르 형제

《미쉐린 가이드》는 100년이 넘는 세월 동안 세계 최고의 레스토랑 및 호텔 평가서로 자리 잡고 있어요. 1900년부터 지금까지 3,000만 부가 넘는 미쉐린 가이드가 팔렸고 현재 4대륙 28개국의 약 4만 개 레스토랑 및 호텔을 평가하고 있다고 하네요. 시대를 앞서갔던 미슐랭 형제의 멋진 생각 덕분에 《미쉐린 가이드》를 오늘도 많은 사람들에게 잊지 못할 여행과 맛있는 음식을 먹으며 추억을 만들 수 있는 기회를 제공하고 있어요.

미쉐린의 매출에서 《미쉐린 가이드》가 차지하는 비중은 0.5% 수준밖에 되지 않지만 '미쉐린'이라는 브랜드에 미치는 영향과 평가된 식당의 매출에 미치는 영향은 엄청나다고 할 수 있어요.

'미쉐린Michelin'의 마스코트 '비벤덤Bibendum'

미쉐린 타이어 회사에 대해서는 잘 몰라도 이 캐릭터를 한 번쯤은 본 적이 있을 거예요. 여러분은 이 캐릭터를 보면 무엇이 떠오르나요? 어떤 느낌이 드나요?

하얗고 올록볼록한 몸매의 미쉐린 마스코트의 이름은 '비벤덤'이에요. 2000년 영국 경제지 파이낸셜타임스로부터 '세계에서 가장 훌륭한 로고'로 선정되기도 했었던 비벤덤은 100년이 넘는 세월 동안 많은 사랑을 받아왔어요. 1894년 리옹에서 열린 세계 산업 박람회에서 미쉐린 타이어 회사를 세운 에두아르 미슐랭은 한편에 쌓여있는 타이어 더미를 보고 '팔다리만 있으면 사람의 모습이다'라고 생각했고 한 화가에게 부탁하여 지금의 비벤덤이 탄생하게 되었다고 하네요.

'비벤덤Bibendum'의 인기

1907년 미쉐린이 내어놓은 이탈리아판 여행 잡지는 비벤덤만의 이야기 코너를 만들기도 하였고, 비벤덤은 프랑스의 유명 만화책 시리즈 '아스테릭스'에 마차 바퀴 판매인으로 깜짝 등장하기도 했어요. 1900년대 디자이너 아일린 그레이가 선보인 '비벤덤 의자'는 비벤덤의 외모에서 영감을 받아 만든 가구로 20세기를 대표하는 가구 디자인 중 하나로 꼽히고 있다고 해요. 비벤덤의 인기를 말해 주듯 영국 런던에는 비벤덤 레스토랑이 있고 2016 미쉐린 가이드 영국판에 소개된 적이 있다고 하네요.

'비벤덤'은 미쉐린 타이어 회사에 어떤 영향을 주었을까요?

비벤덤은 사람들에게 사랑받는 미쉐린 타이어 회사의 마스코트라고 할 수 있어요. 미쉐린맨으로 알려진 캐릭터 비벤덤은 친근하고 유연한 몸 덕분에 전 세계 수많은 사람들의 머릿속에 남아 있어요. '타이어로 된 인간'인 만큼 비벤덤은 미쉐린 타이어 회사를 시각적으로 잘 드러낼 수 있는 대상이 되었고, 미쉐린 타이어는 비벤덤을 계속 변형시키며 회사 마크와 함께 하나의 이미지로 회사의 이름을 알려 왔어요. 이렇게 미쉐린 타이어 회사는 마스코트 '비벤덤'을 통해 자신의 회사를 사람들에게 널리 알렸어요. 비벤덤은 미쉐린 타이어 회사의 판매량을 늘리는 데 기여했다고 볼 수 있겠죠?

미쉐린 타이어의 타이어 판매를 위한 멋진 전략

미쉐린 타이어는 미쉐린의 마스코트인 미쉐린맨 비벤덤을 만들어 회사의 이름을 널리 알리는 데 잘 활용하였고 비벤덤의 인기는 미쉐린 타이어의 매출을 올리는 데 많은 도움을 주었다고 할 수 있어요. 또한 자동차 운전이 활발하지 않았던 당시의 상황에서 사람들에게 자동차를 타고 갈 수 있는 맛집, 멋진 여행 장소를 소개하는 《미쉐린 가이드》를 만들어 떠나고 싶은 마음이 들게 만들고 타이어의 매출을 늘리는 데 성공하였어요. 타이어 회사에서 여행 안내책을 만들게 된 배경을 살펴보니 회사의 매출을 올려 성공적인 기업 운영을 위한 전략이 숨어 있었다는 사실이 놀랍기만 하네요. 사람들에게 널리 알려진 여러 기업들이 쉽게 성공을 거둔 것이 아님을 알 수 있는 부분이기도 해요.

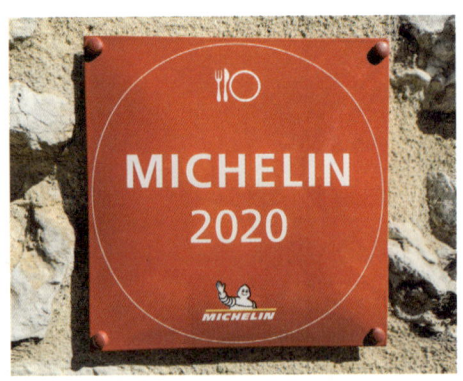

🎤 미쉐린 타이어의 '미쉐린 가이드'와 같은 숨어 있는 기업 마케팅 전략

Q 기업들이 회사 제품의 판매량을 늘리기 위한 전략에는 어떤 것이 있을까요? 광고도 기업의 전략 중 하나로 알고 있는데 구체적인 예를 들어 소개해주실 수 있나요?

A 여러분 코카콜라 좋아하나요? 겨울철 코카콜라 하면 어떤 이미지가 떠오르나요? 보통 사람들은 코카콜라는 더울 때 시원하게 마시는 음료라고 생각하죠. 겨울철 코카콜라의 판매량을 늘리기 위해 코카콜라 회사는 '겨울에도 상쾌하게 마실 수 있는 음료'라는 메시지를 전달하기 위해 겨울의 상징인 '산타클로스'를 선택했어요.

Q 산타클로스를 어떻게 광고에 활용했나요?

A 전설 속의 산타클로스는 종교적인 진지함과 엄숙함을 나타내는 캐릭터로 생각되었는데 코카콜라 회사에서는 이런 이미지를 깨고 아이들의 편지를 읽고 장난감을 배달해주는 인자하고 재미있는 할아버지의 모습으로 산타클로스를 재탄생시켰어요. 코카콜라 회사에 의해 재창조된 산타클로스는 이제 코카콜라만의 산타클로스가 아니라 '세계인의 산타클로스'로 자리 잡으며 크리스마스의 대표적인 상징이 되었고 겨울철 줄어들 수 있는 코카콜라의 매출을 늘리는 데 큰 역할을 하고 있다고 말할 수 있어요.

여러분 미쉐린 타이어의 '미쉐린 가이드'와 코카콜라 회사의 '산타클로스를 활용한 광고'와 같이 회사의 매출을 늘리기 위한 기업의 숨어 있는 마케팅 전략을 좀 더 찾아보는 것도 재미있을 것 같아요. 찾아서 메모해보고 친구들과 함께 이야기 나누어볼까요?

 함께 살펴보면 좋아요

교과서 5학년 《실과》 5단원 〈수송과 생활〉
수송과 수송 수단에 대한 내용과 함께 살펴보아요.
교과서 5학년 《실과》 4단원 〈생활 속 자원관리〉
합리적으로 소비하는 방법에 대한 내용과 함께 살펴보아요.

투자와 투기

영끌해서 주식을 사는
이유는 무엇일까요?

Q 영끌해서 주식을 사는 이유는 무엇일까요?

> 요즘 주식에 대한 뉴스가 많이 나오는 것 같아요. 존 리 선생님이 굉장히 유명해지고, 주식에 관한 어린이책도 많더라고요. 제 주변에 있는 친구들도 주식을 한다고 하고요. 어른들은 영끌해서 주식을 산다는데, 왜 그런가요?

영끌이 무엇인가요?

영끌이 무슨 뜻일까요?
❶ 영혼을 끌어당긴다. ❷ 영혼까지 끌어모은다.

정답은 2번입니다. 아주 작은 것까지, 내가 할 수 있는 것을 다 끌어모은다라는 뜻이에요. 그래서 영혼까지 끌어모아 주식을 산다라는 것은 내가 가지고 있는 모든 돈을 탈탈 털어서 주식을 몽땅 산다는 뜻이지요. 집에 있는 돼지저금통까지 털어서 갖고 있는 모든 돈을 주식에 투자한다는 거죠.

주식이 뭐길래?

주식이 뭐길래 어른들은 돼지저금통까지 털어서 주식을 살까요? 여러분들이 좋아하는 장난감을 만드는 회사가 있습니다. 이 회사에서 장난감을 만들어내는 공장과, 만들어내는 사람들, 광고 비용 등 회사를 운영하기 위해서는 돈이 아주 많이 필요하겠죠? 그래서 사람들에게 돈을 투자받습니다. 또 돈을 낸 만큼 회사의 주인이 될 수 있도록 해주는데, 그 증표가 주식입니다. 사람들은 주식을 사면서 그 회사의 주인이 되는 거예요. 그 회사가 돈을 많이 벌면 그만큼 주식을 산 사람들에게 나눠주죠.

그런데, 그 회사가 돈을 못 벌게 되면 어떻게 되죠? 그럼 주식을

산 사람도 손해를 봅니다. 회사의 주인이기 때문에 회사가 잘되면 돈을 벌 수도 있고, 회사가 잘 안 되면 손해를 입을 수도 있죠. 이렇게 만들어진 회사가 주식회사입니다.

세계 최초의 주식회사는 무엇일까요?

16세기 초 포르투갈은 인도양을 지나 항해하는 뱃길로 인도와 동남아시아 일대에서 후추를 수입해 막대한 수익을 올렸어요. 그러자 영국과 네덜란드도 배로 무역하는 일에 뛰어들게 됐지요. 네덜란드는 동인도의 특산품인 후추, 커피, 사탕, 쪽, 면직물 등을 수입해서 큰돈을 벌었지만, 여러 개 무역회사가 경쟁하다 보니 서로 힘을 합칠 필요가 생겼어요. 그래서 네덜란드 동인도회사를 설립했는데, 세계 최초로 주식회사 형태를 갖추게 되었습니다.

저축으로 돈을 불리는 것은 어렵다
그런데 주식으로 돈을 불리는 것도 어렵다

저축에 대해서 조금 더 알아봐요. 예전에는 저축을 엄청 중요하게 생각했었어요. 저축을 하면 이자를 받아서 돈이 많이 늘어났었죠. 그런데 요즘은 저축으로 돈을 불리는 것은 쉽지 않습니다. 왜냐하면 이자를 많이 안 주기 때문입니다. 시대가 바뀌고 우리나라

경제·사회 구조가 바뀌어서 저축으로 돈을 버는 시대는 지나갔다고 말을 하죠. 하지만 은행에 돈을 저축하는 것은 내가 가진 돈을 잃지는 않아요. 안정적인 편인 것은 변함이 없어요.

그렇다면, 주식으로 돈을 불리는 것은 쉬울까요? 오히려 잃을 수도 있는 게 주식이에요. 우리가 주식으로 돈을 벌려면 싼값에 주식을 사서 비싼 값에 팔아야 하는데 주식이 오르는지 안 오를지 파악하는 게 너무 어려운 거죠. 이를 잘 알려면 공부를 해야 합니다. 내가 주식을 산 회사가 튼튼한 회사인지, 좋은 물건을 잘 만들고 있는지, 세상에 도움이 되는 회사인지, 무리하게 투자를 하지는 않는지, 지금까지 돈을 잘 벌고 있었는지 공부할 게 너무 많습니다. 그래서 주식을 사고파는 게 어렵다는 것이에요.

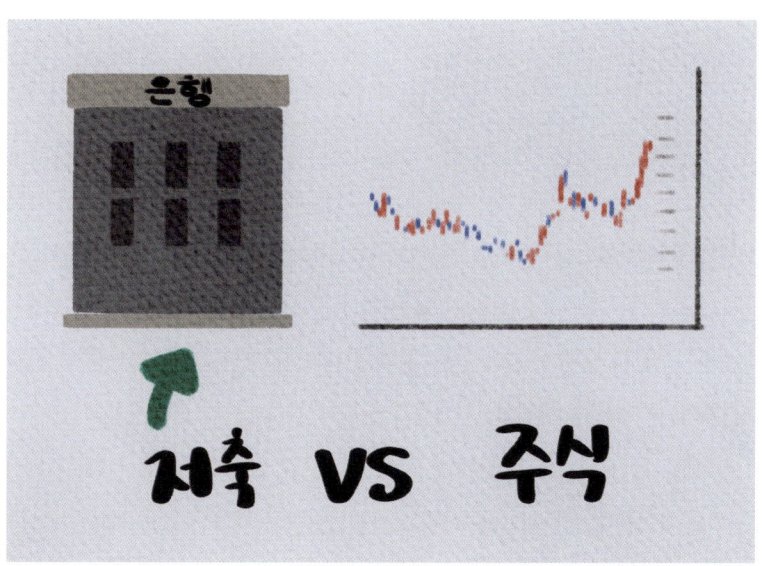

요즘은 어린이들도 주식을 많이 해요

    2022년 5월 4일자 《문화일보》 기사를 보면 삼성전자 주식을 산 어른이 아닌 미성년자가 35만 명 정도 된다고 해요. 예전에는 어른들만 주식을 한다고 생각했는데, 이 정도면 어린이들도 엄청 많이 하는 거죠. 또 어린이에게 세뱃돈이나, 생일 선물 대신에 주식을 선물하는 어른들도 많다고 하니깐, 여러분들이 주식에 대한 관심이 크다는 것은 당연하고 고맙기까지 하네요. 통장에 넣어놓거나, 돼지저금통에 넣어두는 것보다 더 낫다는 판단이 있기 때문인데요.
    선생님도 이것에 대해서는 긍정적으로 생각해요. 왜냐하면 과잣값이 비싸지듯이, 장난감값이 비싸지듯이, 자장면값이 오르듯이 회사의 가치도 시간이 지나면 올라요. 그럼 우리가 가지고 있는 주식의 값도 올라요. 그렇지만, 미래에 가치가 오를 만한 튼튼하고 안전한 회사를 골라야겠죠. 그렇게 되면 은행에 돈을 맡기고 이자를 받는 것보다 더 많은 돈을 불릴 수가 있을 거예요.

어떤 주식을 살지 판단하는 방법은 다양해요

사람들이 많이 사는 주식을 사는 방법이 있어요. 아니면 계속 떨어지는 추세를 보다가 올라갈 때쯤의 주식을 살 수도 있어요. 아니면 아주 크고 중요한 일이 있을 때, 그것과 관련된 주식을 살 수도 있어요. 예를 들면 코로나-19가 유행했을 때는, 손소독제나 마스크, 자가검진키트와 같은 물건을 만드는 회사, 백신을 연구하는 회사 등의 주식이 많이 올랐어요. 그래서 그 주식을 사는 사람들이 많았죠. 아니면 자신과 관련된 물건을 중심으로 사는 것도 방법이에요. 예를 들어 노트북을 써봤더니 너무 좋은 거예요. 그 회사의 다른 제품도 찾아보니 디자인도 예쁘고 성능도 좋은 물건이 많은 거예요. 그럴 경우에 그 회사의 주식을 살 수도 있어요. 그래도 가장 좋은 것은 여러 회사과 관련된 서류나 사회, 경제 분야, 정치 등 주식 시장에 영향을 주는 것을 열심히 공부한 다음에 사는 게 가장 좋은 거죠.

주식을 사고파는 나쁜 방법도 있어요. 이름을 듣도 보도 못한 회사의 주식을 누가 사라고 해서 사는 거예요. 자신이 돈이 어떻게 쓰이는지도 모르고 주식을 사게 되는 거죠. 그리고 자신이 어떤 회사의 주인이 되는지도 모르는 거예요. 이럴 경우 주식으로 큰돈을 잃게 된다면 누구를 탓할 수 있을까요? 결국

증권거래소

증권을 사고팔기 위해 개설된 유통시장을 말합니다. 우리나라는 부산광역시에 한국거래소 KRX 본사가 있으며 서울특별시에 서울사무소가 있습니다. 물론 주식을 거래할 때 증권사나 온라인 어플을 이용하기 때문에 이곳을 직접 방문할 필요는 없습니다.

자신을 탓할 수밖에 없답니다.

주식으로 돈을 번다는 것은 내가 공부하는 시간과 에너지에 대한 대가

한두 번은 공부를 하지 않고도 주식으로 돈을 벌 수도 있을 거에요. 운이 좋은 거죠. 그런데 매번 그런 게 아니랍니다. 주식으로 돈을 버는 사람들을 보면 정말 공부를 많이 해요. 공부를 하는 데는 시간도 필요하고 에너지도 필요하죠. 그래서 저는 주식으로 돈을 번다는 것은 내가 공부한 시간과 에너지에 대한 대가를 받는 것이라 생각해요. 그러니깐 공짜로 돈을 버는 게 아니지요.

10년 이상 주식을 갖고 있을 생각이 없으면 10분도 갖고 있지 말라.

워런 버핏

기다릴 수 없다면 주식을 사지 마세요

유명한 투자자 워런 버핏이 이런 말을 했어요. "10년 이상 주식을 갖고 있을 생각이 없으면 10분도 갖고 있지 말라." 이 말은 주식하는 사람들에게 정말 중요한 말인데요. 자주 사고파는 것보다 오랫동안 주식을 가지고 있으면서 회사와 함께 성장하는 것이 중요하다는 것을 말해요. 주식의 값을 보면 하루에도 몇 번씩 오르락내리락하는데, 그때마다 사고팔 수는 없잖아요. 그래서 바로 써야 하는 돈으로 주식을 사는 게 아니라, 놔둬도 되는 돈을 이용해서 투자하는 게 좋아요. 다른 사람에게 빌려서 주식을 하는 것은 안 되겠죠?

더 나은 세상을 위한 마음을 담은 주식 투자

그렇다면 주식 투자로 세상을 바꿀 수 있을까요? 네, 물론 있습니다. 주식은 어떤 회사에 투자하는 거예요. 착한 회사, 좋은 회사, 꼭 필요한 회사에 투자를 하면 그 돈으로 회사를 잘 운영하여 좋은 세상으로 만드는 데 도움이 될 거예요. 예를 들어, 지금은 환경 오염이 심각해요. 여러분들을 위해서라도 환경 오염을 막고 자연친화적인 지구를 만들어야겠죠? 그럼 뛰어난 재활용 기술을 가진 회사, 자연보호와는 상관없는 일을 하는 회사지만, 회사 차원에서 자연보호에 앞장서고 봉사하는 회사, 친환경 에너지를 만들고 친환경제품을 만드는 회사 등에 주식 투자를 할 수 있답니다. 그렇게 자라난 회사들이 많아 질수록 살기 좋은 세상이 될 거에요.

돈에 대한 관심, 꼭 필요할까?

우리나라는 아주 옛날부터 청빈낙도라 하여 청렴하고 가난하게 사는 것을 즐기며 그러한 삶을 중요하고 좋은 것으로 생각했습니다. 그래서 어린이들이 돈에 대한 관심이 많으면 돈 밝힌다면서 혼나기도 하죠. 그런데 시대가 변했습니다. 돈에 관해서 모르면 조금 불편한 삶을 살수도 있어요. 돈이 없다고 해서 불행한 것은 아닙니다. 돈이 없으면 불편해요. 조금 더 편한 삶을 살기 위해서는 돈에 대해서 알아야 합니다. 돈은 자신의 권리가 될 수도 있어요. 내가 일한 만큼의 대가를 받는지 세금은 정확하게 내고 있는지, 돈에 대해서 잘 모르면 자신의 권리를 찾지 못할 수도 있어요. 돈에 대해서 정확히 알아야 해요. 그러나 잊지는 마세요. 돈이 없으면 불편한 거지, 불행한 게 아니에요. 돈이 없어서 불행하다고 생각한다면 돈의 노예가 될 수도 있어요.

 함께 살펴보면 좋아요

교과서 5학년《실과》3단원〈똑소리 나는, 나의 생활 자원 관리〉
한정된 내 용돈을 합리적으로 관리하는 방법에 대한 내용과 함께 살펴보면 좋아요.

인터뷰 주식을 처음 시작하는 어린이에게
천상희 (성암초등학교 교사, 경제금융교육연구회 회장)

코로나-19 이후로 주식에 대한 사람들의 관심이 많이 높았습니다. 어른들뿐만 아니라 학생들도 주식 투자에 관심을 갖고 투자를 하기 시작하였습니다. 그리고 투자로 큰 수익률을 얻었다는 친구들도 왕왕 들립니다. 물론 반대로 주식투자로 손해를 봤다는 친구들도 있습니다. 이렇게 주식은 우리에게 이익을 줄 수도 있고 손실을 줄 수도 있습니다. 그래서인지 주식을 도박과 같이 위험한 것으로 생각하는 경우도 있습니다.

하지만 주식은 도박과는 다릅니다. 주식은 기업의 주인임을 증명하는 증서로써 주식을 가지고 있으면 기업이 돈을 벌었을 때 그것을 함께 나눠가질 수 있습니다. 그래서 주식을 꾸준히 가지고 있으면 기업이 버는 돈을 함께 향유할 수 있습니다. 물론 어떤 사람들은 짧은 시간 동안 더 많은 돈을 벌기 위해 시시때때로 오르락내리락 변하는 주식 가격을 예측하여 투자를 하기도 합니다. 이런 주식 투자 방법은 도박에 가깝습니다. 자칫 큰 손실을 볼 수도 있으니까요.

주식을 투자할 때는 꼭 이것을 잊지 않았으면 좋겠습니다. 주식은 기업의 주인된 증서로써 기업의 이익을 함께 나눠가질 수 있다는 것을요. 그리고 기업의 이익을 함께 나눠가지기 위해서는 돈을 잘 버는 기업에 꾸준히 투자를 해야 한다는 것을요.

인물탐구

이 시대의 금융인
대구은행 포항점(전, 디지털전략부)

이정원 대리

금융인은 돈을 융통_{금전, 물품을 돌려쓰다}하는 은행업, 신탁업_{재산을 관리하는 일} 종사하는 분을 말합니다. 주식 투자를 하는 어린이들이 생기면서, 어른들의 일인 줄 알았던 금융과 경제에 대해 관심을 가지는 어린이들이 많아졌어요. 금융의 올바른 역할과 방향에 대해 알려줄, 이 시대의 금융인 대구은행 포항점 이정원 대리님을 만나볼까요?

Q 대리님은 어떻게 대구은행에서 근무하시게 되었나요?

초등학교 1학년부터 부모님께 용돈을 받았어요. 항상 용돈에 50%이상을 꾸준히 저축하던 습관 덕분에, 6학년이 되었을 때 대구광역시 '저축 어린이상'을 받는 영광을 누릴 수 있었습니다. 당시 대구은행 본점에 방문해, 상을 수상하게 되었는데 그때 수많은 돈이 쌓여 있는 금고를 구경했던 경험과 정장을 멋지게 차려입은 은행원들의 모습이 좋은 기억으로 남았습니다. 이로 인해 어린 시절부터 금융에 많은 관심을 가질 수 있는 좋은 계기가 되었고 은행원이라는 꿈을 꾸게 되었습니다.

Q 대리님이 근무하시는 〈대구은행〉을 소개해주세요.

대구은행은 1967년에 세워진 대한민국 최초의 지방은행이에요. '꿈과 풍요로움을 지역과 함께'라는 경영 이념을 가지고 '꿈'은 성장과 발전, '풍요로움'은 수익 확대, '지역과 함께'는 경영성과의 지역사회 환원을 통하여 지역사회와 동반성장에 적극적으로 이바지하겠다는 뜻을 가지고 있습니다.

저는 얼마 전까지 대구은행 디지털전략부에서 근무했습니다. 휴대폰이 나오기 전에는, 모든 고객들이 은행 업무를 보기 위해서는 은행 지점이나 영업점에 직접 방문해서 업무를 해야 했답니다. 하지만, 요즘 휴대폰을 대부분 가지게 되면서 지점이나 영업점에 방문하지 않아도 은행업무의 대부분을 할 수 있게 되었습니다. 고객들이 디지털휴대폰으로 업무를 할 수 있도록 도와주는 디지털전략부에서 5년간 근무했습니다.

은행원이라고 하면 영업점지점에서 고객을 상담하는 분들만 떠올리기 쉽습니다. 물론 저도 그랬고요. 하지만 은행원도 창구에서 하는 업무말고도 마케팅, 대출, 외환, 카드 등 다양한 본부부서에서 업무가 존재한답니다. 대구은행 본점에는 지방은행 최초 금융박물관도 있으니 꼭 방문하셔서 체험해 보세요.

Q 적금, 예금, 펀드, 주식 투자에 대해 설명해주세요.

적금은 정기적_{매월}으로 일정한 금액을 정하여 저축하거나 자유롭게 저축할 수 있는 상품으로 목돈 만들기에 적합한 상품입니다. 예금은 일정한 금액을 예치기간을 정해 저축하는 상품으로 목돈을 굴리기에 적합한 상품입니다.

주식이란 회사의 주인이 한 사람이 아니라 여러 사람에 의해 만들어진 주식회사에 투자하는 것을 말합니다. 주식을 회사에 발행하는 가장 큰 목적은 '자본_돈'을 모으기 위해서입니다. 주식을 통해 확보된 돈을 바탕으로 회사운영에 필요한 각종 비용을 충당하거나 투자 또는 다른 회사를 사들이는 등의 일을 할 수 있습니다.

펀드는 주식 투자전문가가 여러 사람의 돈을 모아서 대신 주식투자를 하고 거기에서 얻은 이익과 손해를 나누는 것을 말합니다. 펀드는 전문가가 대신 투자를 해주기 때문에 수수료를 내야 합니다.

주식이나 펀드는 예금에 비해 더 많은 이익을 기대할 수 있으나 원금이 보장되지 않기 때문에 돈을 잃을 위험성이 있어 현명한 투자가 필요합니다.

Q 명절 때 할아버지, 할머니께 용돈을 받았어요. 적금을 드는 것이 좋을까요? 펀드나 주식 투자를 하는 것이 좋을까요?

어린 시절 저는 용돈에 100%를 모두 적금을 넣었습니다. 그리고 목돈이 되면 목돈은 예금을 넣었습니다. 지금 생각해보면 주변 어른들부터 '주식은 위험한 것이다'라는 이야기를 많이 듣고 자랐기 때문인 듯 해요.

하지만 은행원이 되고 금융경제에 관심을 가지게 되면서 어린 시절부터 적금과 펀드 또는 주식 투자를 나누어서 하기를 추천합니다. 돈을 은행에 예금과 적금으로만 넣어두면 안전할 수는 있지만 이자 수익률이 펀드나 주식 투자에 비해 낮을 수 있어요. 따라서 용돈에 10만 원을 저축한다면 7~8만 원은 적금을 넣어 안전하게 투자하고 2~3만 원은 펀드 혹은 주식에 투자해서 경제에 대해 공부하기를 추천합니다.

펀드나 주식에 투자를 하게 되면 일찍부터 경제 금융에 대한 기초 지식을 쌓을 수 있는 관념을 키울 수 있습니다. 주식 투자는 우리나라뿐만 아니라 전 세계적으로 경제의 흐름을 알 수 있게 합니다.

어려서부터 주식을 경험하는 것이 경제 교육에 좋을 것이라는 부모님들이 증가하고 있어요. 어린이에게 금융과 경제교육이 필요한 이유는 무엇이라고 생각하나요?

돈을 모으는 습관이 없다면 나중에 어른이 되어서도 월급을 받는 족족 다 써버리기 때문에 저축할 여력이 없습니다. 그리고 몸이 아파서 돈이 필요할 때나 내가 결혼해서 집을 사야 할 때 모아둔 돈이 없으면 나와 소중한 가족을 지킬 수 없게 됩니다.

미국, 영국, 호주, 싱가포르 등은 초등학생부터 소득, 소비, 저축, 신용, 금융투자를 부모님과 함께 시작합니다. 어릴 때부터 경제 교육을 통한 경제습관은 어른이 되어서 경제습관에도 영향을 미치기 때문에 어려서부터 올바른 경제 교육을 형성하도록 해야 합니다.

부자가 되고 싶은 어린이에게 해줄 말씀이 있나요?

먼저 돈의 가치를 알아야 합니다. 건강한 소비 습관을 키우기 위해서는 돈이란 무한대로 쓸 수 있는 것이 아니라 돈을 통해 무엇을 얻게 되며 돈은 없어진다는 원리를 깨닫게 하여 돈의 가치를 깨우칠 수 있어야 합니다. 어떤 것이 갖고 싶은지 반드시 필요한 것이 무엇인지를 구분해 절약을 습관화하는 것이 중요합니다.

부자가 되려면 부자가 될 자격이 있도록 제대로 준비해야 합니다. 하루아침에 부자가 될 수 없으므로 조금씩 경험과 지식을 쌓으면서 부를 축적해야 합니다. 한순간에 부자가 된 사람은 돈을 지키는 힘이 부족해서 시간이 얼마 지나지 않아 돈을 모두 탕진하게 되고 부를 유지할 수 없게 되는 반면, 돈의 가치를 알고 건강한 소비 및 투자 습관을 가진 사람은 부자를 유지할 수 있게 됩니다.

Q 미래 금융인을 꿈꾸는 어린이들에게 하고 싶은 말씀 한 마디 해주세요.

여러분에게 '자신감은 성공의 열쇠다! 도전을 두려워 하지마라'는 이야기를 꼭 해주고 싶습니다. 다양한 경험을 쌓는 것이 여러분을 훗날 멋진 금융인으로 도약하게 해줄 거라 확신합니다.

제가 가장 존경했던 분이 아버지였어요. 아버지께서는 제가 효도를 해보기도 전에 돌아가셨고, 저는 스무 살부터 이마트에서 수박판매를 시작으로 경호원, 주방장, 식당 매니저 등 수 많은 아르바이트를 하며 그제서야 돈의 가치를 깨닫게 되었습니다.

당시의 경험은 다양한 사람들을 만날 수 있게 되는 좋은 계기가 되었고 새로운 곳에서 빠르게 적응할 수 있는 적응력도 키울 수 있게 해주었습니다. 이러한 경험들을 바탕으로 저는 2012년 국내 최초 글로벌 금융인재 양성 프로젝트 〈슈퍼챌린저 코리아〉에 참가해 수천 명의 사람들과 경쟁하며 7위라는 우수한 성적을 거둘 수 있었습니다.

한 칸의 계단 위에서 넘어지면 조금 아프지만 열 칸 높이의 계단 위에서 넘어지면 더 많이 아플 겁니다. 어린 시절 여러분의 도전은 한 칸의 계단 높이기에 넘어지더라도 금방 회복할 수 있습니다.

5

사회를 감싸안는
다정한 눈

사회

자기 행동에 대한 책임

촉법소년은
어떤 아이들인가요?

?

Q 촉법소년에 대한 드라마, 영화가 많이 나왔어요. 정말 초등학생이 범죄를 저지르면 감옥에 가지 않나요?

촉법소년은 觸_{닿을 촉}, 法_{법 법}, 少_{적을 소}, 年_{나이 년}으로 된 한자어예요. 촉법소년은 범죄를 저지른 만 10~13세의 청소년을 말해요. 촉법소년은 큰 범죄를 저질러도 아직 어리기 때문에 형사적으로 책임 능력이 없다고 판단해요. 촉법소년은 소년법에 따라 소년보호재판을 받게 되고, 나라에서 형사 처벌을 주지 않아요. 가정법원 등에서 사회봉사를 하거나 소년원으로 보내는 등 보호처분을 받게 됩니다.

그런데 점점 청소년 범죄가 많아지고, 청소년 범죄를 저지르는 나이도 어려지게 되어, 촉법소년 나이 조정에 대한 문제가 협의 중에 있어요.

소년범을 바라보는 판사의 이야기, 〈소년심판〉

넷플릭스 시리즈로 〈소년심판〉이 화제가 되었어요. 〈소년심판〉 시리즈는 소년범을 싫어하는 심은석 판사와 여러 소년범죄자들 간의 대립과 문제 해결을 다룬 이야기입니다.

특히, 〈소년심판〉 1화에서는 인천 초등생을 대상으로 한 실제 있었던 범죄를 다루어, 시청자들이 촉법소년과 소년법에 대해 생각해보게 했어요. 이 사건은 2017년에 놀이터에서 만난 초등학교 2학년 여학생에게 휴대폰을 빌려준다고 하고 집으로 유인해 끔찍한 범죄를 저지른 사건이에요. 피해 학생은 가해 학생들과 원한 관계도 없었고, 놀이터에서 처음 만난 사이였다고 알려졌어요. 실제 이 무지막지한 범행을 저지른 가해 청소년들의 나이는 16세, 18세였어요.

그리고 〈소년심판〉 1화에서 최초 피의자로 추정되는 소년이 법정에 서서 "만으로 14살 되면 사람 죽여도 감옥을 가지 않는다는데, 진짜예요?"라고 말하면서 웃는 장면은 많은 시청자들이 깜짝 놀라게 했던 장면이에요. 소년심판 드라마는 한국을 떠들썩하게 했던 실제 사건의 이야기를 비슷하게 다루면서, 인기를 얻게 됩니다.

촉법소년이라는 굉장히 사회적으로 예민한 주제를 다루었지만, 오늘날 우리 사회에서 제대로 된 처벌을 받지 않는 소년범들과 큰 범죄를 저질렀지만 소년범들을 제대로 처벌할 수 없는 법에 대해서만 다루는 드라마가 아니라는 점에서 좋은 평가를 받고 있어요. 어쩌면 〈소년심판〉 드라마는 소년범을 키우는 데 일조한 우리 사회, 가정환경에 대해 다시 한 번 생각하게 하면서 사회와 어른들의 관심과 변화를 바라는 메시지를 담고 있어요.

소년범의 종류

소년범은 범죄를 저지른 소년을 말해요. 우리나라에서는 만 19세 미만을 소년이라고 정의해요. 소년범은 범죄소년, 촉법소년, 범법소년으로 다시 나누는데, 이때 기준은 범죄를 저지른 때의 나이를 기준으로 구분해요.

범죄소년은 범죄를 저지를 당시 만 14세 이상~만 19세 미만인 소년들로, 형사 처벌을 받을 수 있고, 지방법원의 소년부나 가정법원의 판결에 따라 형사 처벌이 아닌 소년법에 따라 보호처분을 받을 수 있어요. 보호처분은 소년범들을 보호하기 위해서 내리는 결정이라고 생각하면 돼요.

병원이나 요양소에 치료를 받거나, 보호자에게 소년범들을 감독하게 하거나, 아동복지시설이나 소년원에 보내는 것이에요. 그러나 소년부 판사가 범행을 저지른 이유나 죄질 등을 살펴보고 처벌이 필요하다고 판단하면, 일반 형사 재판을 받을 수 있어요.

두 번째, 촉법소년은 범죄를 저지를 당시 만 10세 이상~만 14세 미만인 소년들로, 형사 처벌 대신 소년법에 따라 보호처분을 받아요. 우리나라 형법 제9조에서는 '14세가 되지 아니한 자의 행위는 벌하지 아니한다'고 되어 있어요. 14세가 되지 않은 소년들은 형사

범법소년
만 10세 미만

처벌 불가

촉법소년
만 10세~14세 미만

보호처분 ○
형사처분 ×

범죄소년
만 14세~19세 미만

보호처분 ○
형사처분 ○

책임능력이 없다고 보고 있답니다.

형사책임능력은 자기 행동에 대해 스스로 이해하고 책임을 질 수 있는 능력, 자기 자신을 스스로 통제할 수 있는 능력이 있고, 형사 책임을 질 수 있다고 우리나라 법이 정해놓은 상태를 말해요. 그래서 촉법소년은 형사책임능력이 없기 때문에 어떠한 범죄를 저질러도 형사 처벌을 하지 않아요. 대신 범죄를 인식할 수 있는 나이라고 판단해서, 지방법원의 소년부나 가정법원에서 소년원으로 보내거나 보호관찰을 받게 하는 보호처분을 내릴 수 있어요.

마지막으로, 범법소년은 범죄를 저지를 당시 만 10세 미만인 소년들을 의미합니다. 범법소년들은 아직 너무 어리기 때문에 정신적으로, 육체적으로 성숙하지 않다고 판단해요. 그래서 법원에서는 아무런 법적으로 조치를 하지 않고 소년과 보호자를 교육하고 타이른답니다.

촉법소년 적용하는 나이를 내리려고 하는 이유

촉법소년은 범죄를 저지른 나이가 만 10세 이상에서 14세 미만이 되는 소년으로, 이러한 촉법소년의 기준은 1953년도에 만들어졌다고 해요. 만 14세 미만의 소년들에게 죄를 지었다는 표현 대신에, 우리나라가 정한 법에 어긋난 행동을 한 소년들로 표현하고 있어요.

그런데, 우리나라에서 소년 범죄가 많아지면서 윤석열 대통령도 촉법소년을 적용하는 나이를 낮추는 공약을 하였고, 당시 한동훈 법무부장관도 촉법소년의 연령을 만 14세 미만에서 만 12세 미만으로 낮추어야 한다고 주장하고 있어요. 소년들이 나쁜 행동을 하거나 법에 어긋난 행동을 하여도 촉법소년이기 때문에 처벌을 받지 않는다고 생각을 하기 때문에, 촉법소년을 적용하는 나이를 낮추면 소년범죄 예방에 큰 효과가 있을 것으로 주장을 하는 사람도 있어요. 하지만, 촉법소년의 1년을 낮춰도 범죄율은 크게 줄지 않을 것이라는 의견도 있어요.

2019년 UN 아동권리위원회에서는 아동권리협약에 참여한 국가들에게 형사책임을 질 수 있는 나이의 최대한 지점을 최소 만 14세 이상으로 유지할 것을 권장했어요. 그러나 일본은 소년범에게 엄하게 벌을 내리는 정책을 하게 됩니다. 2000년에는 소년원에 보낼 수 있는 나이를 만 16세에서 14세로 낮춰졌고, 2007년에는 만 12세까지 내렸어요. 그리고 2014년에는 소년범에게 내릴 수 있는 처벌도 강화했어요.

소년을 보호하기 위해 만든 법, 소년법

    소년법은 범죄를 저지른 소년범을 어디에서 어떻게 재판하고, 어떻게 처벌을 내릴지에 대한 내용이 담긴 법이에요. 범죄를 저지른 소년을 재판하여 무조건 교도소를 보내거나 벌을 주는 것이 목적이 아니라, 범죄를 저지른 소년들이 자신의 행동에 대해 반성을 하고 다시는 이러한 범죄를 저지르지 않게끔 타이르고 교정하는 것에 목적을 두고 있는 특별법이랍니다.

    앞에서 이야기를 나누었듯이, 만 10세 미만의 범법소년들은 0세부터 9세까지의 소년들은 범죄를 저지르더라도 아무런 처분을 받지 않아요. 소년법에 따라 처분을 받지 않는 다는 것이죠.

    범죄를 저지른 나이가 만 10세 이상에서 만 14세 미만이 되는 촉법소년들은 범죄를 저지르게 되면 경찰의 수사를 받게 됩니다. 경찰의 수사를 받고 나면, 지방법원의 소년부나 가정법원으로 옮겨져서 범죄 사건을 다루게 됩니다. 그리고 소년들이 저지른 범죄가 크고 작은지를 판사가 판단을 하게 되고 소년보호재판을 받아요.

    이후 소년법에 따라 보호처분을 받게 됩니다. 소년의 보호자가 직접

소년을 감독하고 보호하거나 소년을 보호할 수 있는 사람에게 맡기는 보호자 감호 위탁 처분부터 소년원에서 2년까지 생활하고 교정교육을 받는 소년원 송치 처분까지 받을 수 있어요. 소년원은 범죄를 저지른 소년들의 잘못된 품성이나 행동을 바로 잡는 곳으로, 중·고등학교라고 불리기도 해요. 형사 처벌을 하지 않고, 소년법에 따라 보호 처분을 내리기 때문에 범죄 기록이 남지 않아 전과자라는 꼬리표가 붙지 않아요.

그러나 아무리 소년이라도 무시무시하고 악한 범죄를 저질렀다면 보호처분에 그치지 않아요. 범죄를 저지를 당시 만 14세 이상~만 19세 미만인 범죄 소년들은 범죄의 죄질에 따라 형사 재판을 받을 수 있고, 형사 처벌을 받을 수도 있어요. 형사 재판을 받게 되면 소년교도소로 보내져 생활을 할 수 있어요. 소년교도소는 19세 미만의 소년범과 일반 범죄자를 분리하기 위해 만들어진 곳이고, 교정 교육을 받는 곳이에요. 소년교도소에서 생활을 하다가 만 23세가 되면 일반 성인교도소로 옮겨 생활을 하게 돼요. 형사 재판을 통해 소년교도소에 가게 되는 처벌을 받은 소년범들은 범죄 기록이 남게 된답니다.

소년법, 소년에게 주는 기회

소년들은 아직 살아갈 날들이 더 많고, 올바른 교육과 어른들의 따뜻한 관심과 사랑으로 충분히 바른 어른으로 성장할 수 있어요. 범죄를 저지른 소년들에게 다시 한 번 기회가 법으로 주어지는 것도 필요해요. 하지만, 더 중요한 것은 우리 국민들이 소년들에게 다시 한 번 바르게 성장할 기회를 주는 것, 소년들을 다시 한 번 살펴봐주는 것 아닐까요.

 인터뷰 김주성 경위 [대구수성경찰서 형사과]

아이 한 명을 키우려면 온 마을이 필요하다는 아프리카 속담이 있어요. 아이들을 잘 키우기 위해서는 부모, 가정, 학교, 사회의 도움이 필요하다는 뜻이라고 생각을 해요. 촉법소년을 적용하는 나이를 낮추자는 문제가 최근 화제가 되고 있어요. 나이에 대한 문제가 아니라 그보다 중요한 가치의 문제가 있어요. 자신이 범죄를 저지르게 되면 피해자의 가슴뿐만 아니라 자신의 가족에게도 씻을 수 없는 상처를 주게 됩니다. 자신의 행동에 대해 책임을 질 수 있는 어린이가 되기를 바랍니다. 또, 아이들이 바르게 성장할 수 있도록 곁에서 관심과 사랑을 표현하는 어른들의 자세가 필요한 때인 것 같습니다.

 함께 살펴보면 좋아요

교과서 5학년 1학기 《도덕》 1단원 〈바르고 따뜻하게〉
바르고 곧은 마음을 공부할 때 함께 살펴보아요.

로봇이 가질 수 없는 창의성

미래에 로봇이 대체할 수 없는 직업에는 어떤 것이 있을까요?

Q 식당에 갔더니 주문한 음식을 가져다주는 로봇이 돌아다니고 있어 깜짝 놀랐어요. 앞으로 로봇이 사람들의 일을 대신한다면 우리는 훗날 어떤 직업을 가져야 하는 걸까요?

요즘 햄버거 가게나 카페 등에서는 직원들이 직접 주문을 받지 않고 키오스크라는 기계로 주문을 하는 경우가 많아요. 그리고 식당에서 주문한 음식을 서빙로봇이 가져다주기도 하고 물건을 만드는 공장에서도 로봇이 대신 물건을 만드는 경우가 많아지고 있어요. 원래 사람이 하던 일을 로봇이 대신하는 경우가 점점 늘고 있는데 이러다가 로봇이 사람이 하는 일을 모두 빼앗아가는 건 아닌지 걱정이 되네요. 어른이 되어서 나는 어떤 직업을 가져야 할까요?

인공지능AI 기술이 발달하면서 로봇이 사람이 하는 일을 대신하는 경우가 늘고 있다고 해요. 로봇이 사람을 대신해서 어떤 일을 하고 있는지 함께 알아볼까요?

요리하는 협동 로봇이 있다고요?

서울의 한 음식점에서는 커피 로봇 '바리스'가 전문 바리스타(전문적으로 커피를 만드는 사람)처럼 커피 가루에 물을 부어내리는 핸드드립 커피를 만들고 있다고 해요.

기자	커피 로봇 '바리스'는 어떻게 탄생하게 되었나요?
음식점 관계자	로봇 프로그래밍 전문가와 전문 바리스타가 협동하여 개발하였고 커피 종류에 맞게 물을 붓도록 프로그래밍 되었다고 합니다.
기자	'바리스'를 협동 로봇이라고 부르던데, 협동 로봇이 무엇인가요?
음식점 관계자	'바리스'처럼 사람과 함께 일하는 로봇을 협동 로봇이라고 한다고 해요.
기자	'바리스'를 쓰면서 가장 좋은 점은 무엇인가요?
음식점 관계자	'바리스'는 매번 같은 형태의 커피 내리는 작업을 하기 때문에 커피 맛이 한결같이 유지된다는 점이 가장 좋은 점이라고 할 수 있어요.

대구의 한 패스트푸드점에서 우리나라 최초로 사람 대신 닭을 튀기는 로봇이 등장했다고 해요. 뜨거운 기름 앞에서 부지런히 움직이며 시간에 맞게 치킨을 만들어내는 협동 로봇이 있다니 놀랍네요.

패스트푸드점 관계자
튀기는 일은 뜨거운 가스 불 앞에서 고온의 온도에 데이기도 하는 힘든 일인데, 그런 부분을 협동 로봇이 대신해주고 있고, 조리법 프로그래밍을 통해 최고의 맛을 내고 있어요.

협동 로봇 업계 관계자는 "뜨거운 불 앞에서 조리하는 업무를 로봇이 대신할 수 있다."면서 협동 로봇이 활용되는 곳은 앞으로 더욱 많아질 것이며, 최근 식품 업계에서 협동 로봇을 적극 도입하는 움직임이 일어나고 있다고 이야기하고 있어요.

알바생 대신 로봇을 쓰는 가게들이 늘고 있다!

근로자가 받아야 할 가장 낮은 수준의 임금을 법으로 정해놓은 '최저임금'이 2024년에 1시간당 9,860원으로 결정되었다고 해요. 우리나라 통신사 중 한 곳에서 내세우고 있는 AI 서빙 로봇은 36개월을 계속 쓰겠다고 약속할 경우 비용이 매달 65만원 정도 된다고 해요. 최저임금 9,860원을 기준으로 매일 알바생을 10

시간 일하게 한다고 했을 때 알바생 1인당 한 주 임금은 여러 가지 추가되는 수당을 포함하면 70만 원, 한 달이면 280만 원 정도가 되네요. AI 서빙로봇을 쓰는 것이 비용 면에서 훨씬 줄어든다는 것을 알 수 있죠. 인건비_{사람을 쓰는 데 드는 비용}가 줄어든다면 알바생을 대신해 로봇을 쓰는 가게들은 더욱 늘어날 것으로 예상이 되네요.

요리하는 로봇, 알바생을 대신하는 로봇에 관해 이야기해보았는데, 로봇이 활용되는 분야는 우리가 생각지도 못할 만큼 많아요. 단순 작업을 반복하는 로봇부터 너무나도 위험해 사람들이 할 수 없는 일을 대신하는 로봇까지 로봇이 활약할 수 있는 분야는 무궁무진하다고 할 수 있어요. 이렇게 로봇이 사람의 일을 대신하다 보면 로봇에게 일자리를 내어주게 되고, 사람들이 일을 할 수 있는 분야는 줄어드는 것이 아닐까요?

지금 존재하는 많은 직업이 앞으로 사라진다고요?

2016년 3월 구글의 인공지능 알파고가 바둑기사 이세돌을 4대 1로 이긴 후에 4차 산업혁명이라는 말이 우리나라에서 화제가 되었어요. 4차 산업혁명이라는 말은 다보스포럼에서 클라우드 슈밥이라는 사람이 처음 사용했어요. 다보스포럼은 1971년에 시작되었는데, 유명한 기업인이나 학자, 정치가, 저널리스트 등이 모여 세계 경제에 대하여 논의하고 연구하는 국제 민간 회의로 스위스 다보스에서 열려요.

2016년 다보스포럼에서 발표한 〈직업의 미래 보고서〉에는 지금 존재하고 있는 일자리가 사라지게 될 것이라는 경고를 담고 있어요. 가까운 미래에 로봇, 인공지능의 발달은 사람의 노동력을 대체하게 되어 700만 개 이상의 일자리가 사라질 것이며 2016년 당시 7세 아동들

편지 왔어요.

2024년 기준 15세이 어른이 되는 시점에는 65%가 전혀 새로운 형태의 직업을 가질 것으로 예측했어요. 100명 중 65명은 지금과는 전혀 다른 새로운 직업을 가질 것이라는 얘기죠. 지금 자신이 하는 일 중 상당 부분이 인공지능과 로봇으로 대체될 수 있다면 전문성 없이는 미래에는 내가 가진 직업이 살아남지 못할 수도 있다는 것이에요.

4차 산업혁명 시대에는 어떤 직업 능력이 필요할까요?

앞으로 펼쳐질 4차 산업혁명 시대에 새로 생기는 직업을 가지고 그 일에 적응하기 위해서는 어떤 직업 능력이 중요할까요? 또 4차 산업혁명 시대의 인재에게 필요한 역량은 무엇일까요? 4차 산업혁명으로 기술과 산업이 발전하고 직업 현장에서 수행하는 일의 내용이 바뀌면서 필요한 직업 능력도 점차 변화하고 있다고 해요.

기자	미래 직업 능력을 키우기 위해서 우리는 어떤 노력을 해야 할까요?
직업상담협회 이사	미래 직업 능력을 키우기 위해서는 우선 직업 기초능력을 튼튼히 다지는 것이 중요하다고 할 수 있습니다.
기자	직업 기초능력은 어떤 것을 말하는 것인가요?
직업상담협회 이사	직업 기초능력으로는 '의사소통능력', '수리능력', '문제해결능력', '자기개발능력', '자원관리능력', '정보능력', '기술능력', '조직이해능력', '직업윤리' 등을 말합니다.
기자	그렇군요. 직업 기초능력은 왜 필요한가요?
직업상담협회 이사	직업 기초능력이 튼튼한 사람이 빠른 환경변화에도 충분히 대응해 나갈 수 있기 때문에 앞으로 빠르게 변화해 갈 4차 산업혁명의 시대에는

직업 기초능력을 갖추는 것이 중요하다고 할 수 있습니다.

4차 산업혁명 시대에 인공지능이 대체할 수 없는 직업에는 어떤 것이 있을까요?

4차 산업혁명의 핵심은 첨단정보통신기술인 인공지능, 사물인터넷, 빅데이터 등이라고 할 수 있어요. 사회와 경제 전반에 융합되어 혁신적인 변화가 일어나는 산업혁명을 말해요. 건강관리시스템, 지능형 로봇, 가정용 인공지능 시스템, 공유 자동차 등은 이미 우리 생활 속에 익숙하게 자리 잡고 있죠. 공장에서는 이미 로봇이 사람 대신 일을 하고 있고, 인공지능 의사로 병원에서 활동을 하고 있으며 스마트폰 음성 비서에 대해서는 여러분들도 들어본 적이 있고 사용해본 적이 있을 정도로 우리 생활 가까이에 와 있어요.

과연 미래의 직업은 어떻게 변할까요? 여러분이 자라 성인이 되었을 때는 어떤 일을 하고 있을까요? 미래의 직업에 대해 연구한 여러 보고서를 살펴보면 공통점이 있어요.

사라질 위험에 놓인 직업은 일단 자동화가 가능한 일들, 즉 규칙적이고 단순 반복이 되는 일들은 쉽게 인공지능이 대체할 수 있다는 것이죠. 어쩌면 사람보다 더 일을 잘할 수도 있다고 해요. 예를 들어 변호사, 회계사, 세무사 등도 인공지능에 딥러

닝을 시키면 사람이 하는 것보다 충분히 잘해낼 수 있다고 전문가들은 예측해요.

이외에도 통신서비스 사무원, 보험설계사, 인터넷 판매업자, 관세사, 무역사무원, 택배업, 약사, 버스나 택시 기사, 경비업체나 주차요원 등도 역시 오래지 않아 인공지능에 자리를 내주어야 한다고 전문가들은 말하고 있어요.

그렇다면 새로 나타날 직업은 어떤 것이 있을지 궁금하죠? 우선은 로봇이나 인공지능이 대체하기 어려운 직업을 찾는 것이 중요해요. 인공지능이 발달한다고 해도 사람처럼 이성이나 감정을 가질 수는 없을 거예요. 또 사람의 손재주나 기술을 따라가는 것도 쉽지 않을 거예요. 우리는 이 점에 주목할 필요가 있어요.

사람을 상대하거나 창조적인 일은 아무리 똑똑한 인공지능이라 하여도 사람을 대신할 수는 없을 거예요. 예를 들면 유치원 및 학교 교사, 사회복지사, 웃음치료사, 개그맨, 성직자, 문학가 등은 상대적으로 사람을 상대하는 일이라고 할 수 있어요. 이 같은 직업은 규칙적이거나 단순 반복을 하는 직업에 비하면 사라질 확률이 거의 없다는 조사 결과가 있다고 해요. 이유는 간단하겠죠? 인공지능이 앞으로 더 발달한다고 해도 사람의 감성까지 조절할 수준에는 이르지 못할 것이라는 뜻 같아요.

또한 여러 가지 직업이 사라질 위기에 놓인 반면 많은 사람이 필요한 직업도 있다고 해요. 바로 앞에서 살펴본 사람과 관련된 일은 물론 로봇을 개발할 수 있는 소프트웨어 개발자들이나 빅데이터 분석가 등도 점점 늘어날 수밖에 없겠죠.

**4차 산업혁명 시대를 맞아 우리 어린이들은
무엇을 준비해야 할까요?**

어린이들이 가장 중요하게 생각해야 할 것은 인공지능이나 기계가 할 수 없는 것, 즉 인공지능이 아무리 노력해도 따라올 수 없는 것에 관심을 가지고 스스로의 자질을 계발하는 것이라고 생각해요. 인공지능이 넘볼 수 없는 것, 바로 인간의 정신 능력이라고 할 수 있어요. 판단력, 상상력, 창의력, 목표 의식, 욕망 등 인간의 고유 가치를 높이는 정신 능력을 키우는 것이 우리가 해야 할 중요한 일이겠죠.

정신 능력을 키우기 위해서는 다양한 분야의 책을 꾸준히 읽고 끊임없이 질문을 던지고 스스로 답해보는 것이 지금 당장 우리 어린이들이 할 수 있는 가장 훌륭한 방법이 아닐까 생각해요.

 함께 살펴보면 좋아요

교과서 5학년 《실과》 6단원 〈나의 발견과 나의 미래〉
직업을 탐색할 때 고려할 점을 공부할 때 함께 살펴보아요.

인물탐구

이 시대의 로봇공학자
마이크로 로봇 개발에 힘쓰고 계신
DGIST(대구경북과학기술원) 로봇 및
기계 전자공학과 교수

최홍수

체내 원하는 곳에 줄기세포를 운반하는 마이크로 로봇, 몸 안으로 들어가 암세포를 골라 죽이는 '초소형 킬러 로봇' 등 다양한 로봇 개발에 힘쓰고 계신 최홍수 교수님께 로봇에 관한 이야기를 들어볼까요?

Q 교수님께서 이끌고 계신 DGIST-ETH 마이크로로봇연구센터는 어떤 곳인가요? 간단하게 소개해주세요.

DGIST-ETH 마이크로로봇연구센터는 마이크로 로봇 분야 세계적 석학인 스위스 연방공대 ETH Zurich 의 브래들리 넬슨 Bradley Nelson 교수과 함께 2013년 11월 개설하여 다양한 마이크로/나노로봇 관련 연구를 진행하고 있습니다.

현재 저희 마이크로로봇 연구센터에서는 마이크로로봇 개발, 자기장 제어 시스템 개발, 원격제어 시스템 개발, 영상시스템 개발, 동물 실험 등 다양한 분야의 융합 연구를 수행하고 있습니다. 저희는 학교, 연구기관, 기업, 병원의 학문적, 물리적 경계를 뛰어넘는 긴밀한 협업을 통해 다양한 기술들을 사업화하기 위해서 노력하고 있습니다.

Q 로봇 및 기계공학을 공부하시게 된 계기가 있으신가요?

저는 학부 과정에서 기계공학을 전공하고, 석사과정에는 가상현실, 박사과정에는 마이크로공학을 공부했습니다. 특별한 계기가 있었다기보다는 기계공학, 프로그래밍 가상현실, 마이크로공학을 융합하다 보니 현재 제가 연구하는 의료용 마이크로 로봇을 연구하게 되었습니다.

Q 마이크로 로봇이란 무엇인가요?

마이크로 로봇은 작은 크기, 최소 침습성, 정밀한 무선 제어 능력으로 인해 다양한 의료분야에 적용 가능한 미래의 유망한 기술입니다. 마이크로 로봇은 정밀치료, 표적치료, 혈관 중재술 등 다양한 치료에 활용될 수 있습니다. 마이크로 로봇은 약, 세포, 단백질, 열 등을 특정 부위에 정확하게 전달하는 차세대 치료법 개발에 응용될 수 있습니다. 그중에서 약물을 원하는 부위에 정확하게 전달하는 마이크로 로봇은 약물 오남용을 최소화하면서, 약물 전달 효율을 극대화하여 치료효과를 높일 수 있을 것으로 기대됩니다. 마이크로 로봇

연구는 시작된 지 15년 정도밖에 되지 않은 새로운 분야로, 최근 7~8년 사이에 연구자들이 급증하고 있습니다.

Q 교수님께서 개발하신 마이크로 로봇은 어떤 곳에 활용되나요?
저는 다양한 종류의 마이크로 로봇을 만들었습니다. 기존에 발표한 논문을 바탕으로 두 가지 마이크로 로봇을 소개하도록 하겠습니다. 첫 번째, 바늘형 마이크로 로봇은 바늘처럼 생긴 구조물을 마이크로 공정 기술을 이용하여 제작합니다. 바늘형 마이크로 로봇은 목표지점으로 정확한 이동이 가능하며, 제어 시간 또한 획기적으로 줄일 수 있습니다.
또한 치료 부위에 로봇을 고정시켜 외부의 추가 에너지 공급이나 제어 없이 조직에 오랜 기간 약물을 전달할 수 있습니다. 바늘형 마이크로 로봇을 체외에서 배양한 암 종양 조직에 적용해보았는데 암 종양에 고정되기 전, 후의 성능 테스트에서 유의미한 결과를 확인했으며, 항암제 약물방출을 통한 치료적인 효능도 추가로 증명했습니다.
두 번째, 가이드 와이어 기반 마이크로 로봇입니다. 저희는 현재 병원에서 진행되고 있는 중재시술의 한계를 극복하기 위해, 자기장 특성을 가지는 가이드 와이어 마이크로 로봇, 마이크로 로봇을 제어하기 위한 전자기 코일 기반 자기장 제어 시스템 등이 합쳐진 마이크로 로봇 혈관 중재 시술 시스템을 개발하였습니다. 의사 선생님은 자기장을 이용하여 가이드 와이어 마이크로 로봇을 정밀하게 제어할 수 있습니다.

저희는 자기장 제어 마이크로 로봇 중재시술 시스템의 임상적 유효성을 확인하기 위해 동물 실험을 진행하였고, 동물 혈관 내에서 가이드 와이어 마이크로 로봇이 자기장 제어를 통해 목표 위치까지 성공적으로 도달함을 확인하여 심혈관 이외에도 간, 뇌 등 다양한 혈관에 적용될 수 있을 것으로 생각합니다.

Q 로봇을 연구하시면서 보람을 느끼실 때는 언제인지 말씀해주세요.

저희가 연구한 마이크로 또는 나노로봇이 동물 실험을 통하여 실제로 병원에서 사용될 수 있는 가능성을 보여줄 때 보람을 느낍니다. 저희가 논문을 낼 때마다 책 한 권씩을 공부한다는 느낌입니다. 이렇게 논문을 계속 내면서 저희는 더 개발이 필요한 기술이 무엇인지, 어떻게 개발해야 하는지 배우게 됩니다. 그리고 이렇게 개발한 기술을 병원에서 사용할 수 있도록 사업화를 시도할 때 가장 큰 보람을 느낍니다.

Q 앞으로 로봇이 우리 사회에 미치게 될 영향은 무궁무진하다고 생각합니다. 로봇은 미래 우리 사회에서 어떤 역할을 하게 될까요?

저를 포함한 많은 연구자들이 로봇을 포함하여 미래에 우리들에게 유용하게 사용될 가능성이 있는 다양한 기술들을 개발하고 있습니다. 종종 연구자들이 개발하는 미래 기술이 우리 사회에 어떻게 영향을 미칠지 잘 모르는 경우가 있습니다. GPSGlobal Positioning System 글로벌 포지셔닝 시스템이 처음 개발될 때는 군사용으로 개발되었지만 지금은 자동차 내비게이션, 스마트폰 등 다양한 일상생활에 활용되고 있습니다.

그래서 로봇이 미래에 우리 사회에서 어떤 역할을 할지 한마디로 쉽게 말씀드리기는 힘들지만, 로봇이 미래 우리 사회에서 어떤 역할을 하게 될지는 우리 사람들에게 달려있다고 생각합니다. 로봇은 우리에게 편리한 도구가 될 것은 명확할 것 같습니다. 이러한 도구를 어디에 어떻게 사용할지는 우리 개인과 사회적 합의에 따라 결정될 것 같습니다.

Q 로봇에 관심을 가지고 있는 학생들이 많은데요, 로봇에 대해 공부하기 위해서는 어떤 준비를 하면 될지 학생들에게 한 말씀 부탁드립니다.

로봇에 관심이 있는 학생들에게 가장 중요한 것은 지금 해야 하는 공부를 최선을 다해서 하는 것이 중요하다고 생각합니다. 학생들이 로봇을 연구하기 위해서 뭔가 특별한 것을 하는 것보다는 현재 공부를 열심히 하면 자연스럽게 로봇 과학자로서의 준비가 될 것입니다. 로봇은 기계, 전자, 컴퓨터, 디자인, 영상 등 아주 다양한 분야의 공부가 필요한 분야입니다. 한 사람이 모든 것을 잘하기는 힘들지만 현재 공부를 열심히 하고도 시간이 여유가 있다면 수학과 컴퓨터, 영어에 관심을 가지고 실력을 쌓는다면 로봇을 공부하는 데 큰 도움이 될 것입니다.

Q 마이크로 로봇 관련 연구에 관한 앞으로의 계획이 있으시다면 소개 부탁드립니다.

저희 연구소에서는 다양한 마이크로/나노로봇을 연구하고 논문을 발표하고 있습니다. 앞으로는 저희 연구가 좀 더 실용적인 면으로 진행되면서 개발하는 로봇 몇 개가 실제로 병원에서 활용될 수 있기를 바랍니다. 이를 위해서는 저희가 개발하는 로봇의 사업화 및 임상시험이 필요합니다. 마이크로/나노로봇이 실제로 병원에서 사용되면서 환자들과 의사 선생님들께 큰 도움이 될 수 있기를 바랍니다. 이를 위해서 저는 꾸준히 연구하면서 실용적인 기술을 개발하도록 하겠습니다.

6 사랑을 표현하는 맑은 눈

예술

장인정신

한 분야의 장인들이 존경받아야 하는 이유는 뭘까요?

Q 한 분야의 장인들이 존경받아야 하는 이유는 뭘까요?

제가 초등학교때 종이 접기로 만든 프라모델인데요. 제가 만든 것을 사람들에게 보여주면 엄청 칭찬하면서 나중에 프라모델 장인이 되겠다! 이렇게 이야기하셨어요. 장인은 약간 나이든 사람이 옛날 것 만드는 사람들 아니에요? 프라모델 만드는 장인도 있어요? 도자기나 한지같이… 옛날 거 만드는 사람이 장인 아닌가요?

〈생활의 달인〉이라는 프로그램을 아시나요?

  선생님이 정말 좋아하는 TV프로그램 중에 SBS 채널의 〈생활의 달인〉이라는 프로그램이 있어요. 여기에는 다양한 분야의 '달인'이 나온답니다. 프로그램에 소개된 '달인'을 한 번 살펴볼까요?

    나무 도마의 달인 권오출님
    명품시계 수리의 달인 박준덕님
    재활용 선별의 달인 최건님

  〈표준국어대사전〉에 보면 "달인은 학문이나 기예에 통달하여 남달리 뛰어난 역량을 가진 사람"을 뜻하며 "장인은 예술가의 창작 활동이 심혈을 기울여 물건을 만드는 것과 같다는 뜻으로, 예술가를 두루 이르는 말"로 되어 있어요. 국어사전에서 보면 달인과 장인은 조금 다른 뜻인 거 같아요.

아무나 명장? 아무나 명인?

　여러분들은 대한민국 명장이 만든 빵과 그냥 제빵사가 만든 빵 중 누구의 빵을 먹고 싶나요? 당연히 대한민국 명장이 만든 빵을 먹고 싶죠? 빵 만드는 데 15년 이상 노력한 사람들 중에서도 뛰어난 사람들을 뽑아 놓은 게 대한민국 명장이니깐요. 그렇다면 대한민국 명장은 몇 명이 없을 텐데, 요즘은 명장이 만든 빵을 파는 빵집이 엄청 많은 것처럼 보여요. 왜 그럴까요?

　일반 민간 단체에서 명장이라는 이름을 그냥 사용해서 그런데요. 누구나 다 명장·명인이 만든 빵이라면 먹고 싶은 생각이 드니깐, 명장이나 명인을 자기들 기준으로 뽑아서 이름표를 주고 홍보를 하는 거지요. 물론 그런 분들도 엄청 열심히 해서 맛있는 빵을 만드는 것은 맞을 거예요. 그렇지만 진짜 나라에서 인정한 대한민국 명장과 혼동할 수 있어 걱정하는 사람들이 많아요.

그렇다면 무형문화재 보유자? 대한민국 명장? 명인? 장인?

인간문화재라는 이야기 들어봤죠? 어떻게 사람 자체가 문화재가 될 수 있을까요? 옆의 사진은 박쥐문양이 있는 갓입니다. 예전의 양반들이 쓰고 다녔던 갓에 박쥐 무늬를 넣었다니 신기하지요? 이런 갓은 실제로 만질 수 있는 '유형형태가 있다'문화재입니다. 이런 멋진 갓을 만들려면 특별한 기술이 필요한데요, 갓을 만드는 과정을 '갓일'이라고 합니다. 갓일은 손으로 만질 수 없어서 '무형'문화재라고 하고, 이것을 아주 잘 만드는 사람을 '갓일 무형문화재 보유자인간 문화재'라고 합니다.

그런데, 요즘 사람들은 갓을 쓰고 다니나요? 안 써요. 갓을 쓰는 사람이 없어서 갓일을 하는 사람들도 점점 없어지고 있고, 이 기술이 사라질까 봐 걱정이에요. 그래서 이런 특별한 기술을 전수할 수 있도록 국가나 지방자치단체에서 이 기술을 가진 사람들을 보유자라고 하여 이 일이 사라지지 않도록 관리하는 거죠.

대한민국 명장은 산업 현장에서 최고 수준의 기술을 가진 사람들 중에서 대통령 명의로 뽑은 사람들을 말합니다. 분야는 매우 다양한데, 가발을 만드는 사람, 빵 만드는 사람, 천을 만드는 사람, 벽지 바르는 사람, 기계로 철근을 자르는 사람 등이 있습니다. 명장은 대부분 '만드는 기술'과 관련이 깊지요.

명인도 명장과 비슷한데, 조금 다르게 해석이 됩니다. 기예(기술과 예술)가 뛰어난 사람들을 말해요. 그런데 기예가 뛰어난 사람뿐만 아니라 음식을 조리하는 데도 뛰어난 사람도 있어요. 예를 들

박쥐문갓 - 문화재청 홈페이지

면 김치 명인, 순창고추장 명인, 안동소주 명인 등이 있어요.
 장인은 앞서 말한 것처럼 예술가를 두루 이르는 말로 그 사람이 만든 작품이 '정말 예술이야.'라는 생각이 들 때 쓰는 말이에요.

달인과 장인은 다르지만, 달인 정신과 장인 정신은 같다!

 아이고, 뭐가 뭔지 정확히 이해하기가 어렵죠? 괜찮아요. 대부분의 어른들도 이해하기 어려워해요. 그래도 뭔가 느껴지는 게 있지 않나요? 무형문화재 보유자든 명장이든 달인이든, 자기가 하고 있는 일에 최선을 다하고 오랫동안 노력했다는 것을 알 수 있어요.
 실제로 〈생활의 달인〉 홈페이지를 보면, 수십 년간 한 분야에 종사하며 부단한 열정과 노력으로 달인의 경지에 이르게 된 사람들의 삶의 스토리와 리얼리티가 담겨 그 자체가 다큐멘터리인 달인들의 모습을 담은 프로그램으로 소개되어 있어요. 그런데 수십 년 간 한 분야에 종사하며 부단한 열정과 노력을 기울이는 정신을 우리는 '장인 정신'이라고 하거든요.

〈생활의 달인〉에 나온 사람들은 장인이라고 이야기하기엔 조금 어렵지만, 장인 정신을 가지고 달인의 경지에 이른 사람입니다. 한 분야에 수 년간 노력하면 포크레인으로 달걀을 안 깨뜨리고 잡을 수 있는 달인이 되는 거죠. 정말 대단하죠?

무형문화재 보유자들이 그릇을 만들고, 판소리를 하고, 부채춤을 추고, 가구를 만드는 것을 보면 대단해 보여요. 그런데 생활의 달인에서 한 번에 똑같은 수의 밥알을 잡는 초밥의 달인이나 빛의 속도로 종이가방을 접는 종이가방의 달인이나 40년 동안 재봉틀로 이름을 새긴 달인들을 보면 더 대단하다고 느껴져요. 왜 그럴까요?

〈생활에 달인〉에 나오는 사람들을 보면, 묵묵히 자기의 삶을 열심히 산 사람인 것 같아요. 상을 받거나, 돈을 더 벌려고, 또는 유명한 사람이 되려는 그러한 목적을 가지고 있는 사람이 아닌 것 같아요. 엄청 대단한 일이 아니라도, 남이 알아주는 일이 아니더라도 내 일이라서 열심히 하다가 그런 기술을 터득했다는 게 느껴져요. 그래서 우리가 〈생활을 달인〉을 보면 감동을 받는 게 아닐까요?

누구나 다 장인 달인이 될 수 있다

누가 나에게 명인, 명장이라는 타이틀은 주지 않더라도, 누구나

다 장인이나 달인은 될 수 있어요. 기술은 연마하는 거예요. 손재주가 있으면 조금 더 빨리 기술을 익힐 수는 있지만, 손에 익기 위해서는 많은 시간을 투자할 수밖에 없어요. 기술은 내가 얼마나 노력하느냐, 얼마나 반복했느냐에 따라 달려 있어요. 그래서 누구나 다 장인이나 달인이 될 수 있지요.

요즘은 100년 전통의 기업도 많이 없고, 평생 직장이라는 개념도 많이 사라졌어요. 똑같은 일은 계속하는 게 시대의 흐름상 쉽지 않은 일이죠. 그러나, 어떤 분야의 전문가가 되기 위해서는 노력하는 게 꼭 필요해요. 1만 시간의 법칙을 알고 있나요? 성공을 위해서는 1만 시간이 필요하다는 거죠. 기술을 완벽히 익히기 위해서는 1만 시간이 필요할 수도 있어요. 1만 시간이라면 하루에 5시간씩 쉬지 않고 매일 연습해도 5년 이상이 걸리죠. 거기에다 누구보다 훨씬 뛰어나려면 더 많은 시간이 걸리겠죠?

여러분도 나중에 좋아하고 가치로운 일이 생긴다면 정말 달인의 경지에 오를 수 있도록 끈기 있게 노력하길 응원할게요. 맨 처음의 질문으로 돌아간다면, 멋진 프라모델을 만들기 위해서 많이 노력한 여러분은 '장인'이 맞습니다.

 함께 살펴보면 좋아요

교과서 5학년 《실과》 6단원 〈내 꿈을 찾아서! 신나는 진로 탐색〉
세상에 있는 다양한 직업과 일과 직업의 소중함, 나에게 맞는 직업 탐색과 함께 살펴보아요

아름다움

사람들은 미술관에 왜 가는 걸까요?

Q 사람들은 미술관에 왜 가는 걸까요?

방학을 맞이하여 우리 엄마는 나에게 다양한 체험을 하게 해주고 싶다며 여기저기 많이 데리고 다녀주셨어요. 놀이공원도 가고, 워터파크도 가고… 정말 신나고 즐거웠어요. 엄마는 놀기만 했다며 문화생활도 즐길 겸 유명한 화가의 전시회가 열리는 미술관에 가자고 하셨어요. 한 번도 가보지 못한 곳이라 호기심에 따라갔지만 유명한 화가의 그림 앞에 선 나는 아무런 느낌도 받지 못했어요. 도무지 무슨 그림인지 알 수도 없고 '화가가 이 그림을 왜 그렸을까?'라는 생각도 들면서 아리송한 감정만 느껴졌어요. 꼭 문화생활을 위해 미술관에 가야 하는 걸까요? 사람들은 왜 어렵기만 한 그림을 보겠다고 미술관을 가는 걸까요? 나만 그 이유를 이해하지 못하는 걸까요?

여러분은 미술관에 가본 적이 있나요? 선생님은 방학이 시작되면 미술관에서 어떤 전시회를 하나 검색해보고 선생님의 아이들과 함께 갈 만한 전시회가 있나, 또 내가 가보고 싶은 전시회가 있나 찾아보고 갔던 기억이 나요. 아이들이 유치원에 다닐때부터 다양한 문화 체험을 많이 하는 것이 중요하다는 생각에 미술관에 데리고 다녔던 것 같아요.

미술 작품 앞에 선 선생님의 아이들은 고개 몇 번 갸우뚱하다가 그냥 지나가고, 또 잠깐 보는가 하면 그냥 지나가 버리고, 전시를 다 보고 나서 "어땠어?" 하면 그냥 "좋았어."라고 대답했던 게 대부분이었던 것 같아요. 함께 갔었던 전시회가 다 그랬던 건 아니지만요. 지금 돌이켜보면 그때 당시에 선생님의 아이들은 선생님이 가자고 해서 미술관에 갔었던 것 같아요. 위 질문을 한 친구처럼 '도무지 무슨 그림인지 알 수도 없고, 미술 작품이 어렵게만 느껴졌던 것이 아닐까?'라는 생각이 들어요.

선생님도 모든 전시회가 다 좋았던 건 아니에요. 보고 나서도 아무 느낌도 들지 않고 '여기에 왜 왔을까?'라는 생각을 한 적도 있었으니까요. 다른 사람들도 마찬가지겠죠. 그럼에도 불구하고 사람들은 왜 전시회를 보러 미술관에 가는 걸까요? 선생님이 갔었던 몇 가지 전시회 이야기를 하면서 그 이유에 대해 함께 생각해볼까요?

미술관에 다녀온 뒤 호기심과 궁금증이 생기다!

먼저 일본의 작가 쿠사마 야요이의 전시회에 갔었던 이야기부터 해볼게요. 쿠사마 야요이를 떠올리면 호박과 점이 생각이 나요. 대구미술관에서 쿠사마 야요이의 작품을 처음 접했을 때 무한 반복되는 점으로 이루어진 호박들이 참 기이하게 느껴졌어요. 저 호박과 점들은 뭐지? 노란 바탕에 검은 점으로 된 호박, 흰 바탕에 알록달록한 점들로 이루어진 호박 등 온통 호박으로 뒤덮인 밭에 들어와 있는 기분이었어요.

독특한 작품만큼이나 선생님에게 충격적으로 다가왔던 건 화가에 관한 것이었어요. 전시관 입구 쪽에 화가에 대해서 간단하게 적혀 있었는데 쿠사마 야요이가 어린 시절을 전쟁 상황 속에서 보낸 탓에 정신질환을 얻게 되었고 48세부터 현재까지 정신병원에 입원한 상태로 작품 활동을 해오고 있다는 내용이었어요.

그날 전시회를 보고 돌아오는 동안 빨간색으로 염색한 단발머리를 한 쿠사마 야요이의 모습과 정신질환을 앓고 있는 화가가 그린 무한 반복되는 점으로 뒤덮인 다양한 호박의 모습이 머릿속을 떠나지 않았어요. 그리고는 그 화가에 대해서, 그리고 왜 점과 호박을 소재로 작품 활동을 하는지에 대한 호기심과 궁금증이 생겨 검색해 보았던 기억이 납니다.

검색을 통해 쿠사마 야요이의 살아온 과정, 호박을 그리게 된 이유, 무한 반복되는 점으로 작품을 표현하는 이유에 대해 알게 되었어요. 그리고 정신질환을 얻게 된 배경을 보고 화가에 대한 측

은한 마음이 들었고 '화가의 힘든 일생을 버티게 해준 것이 바로 그림이었구나'라는 생각을 하게 되었어요.

처음 전시장에 들어섰을 때 선생님의 눈에 들어온 쿠사마 야요이의 작품은 도무지 이해할 수 없었고, 반복되는 점들이 이상하게 느껴졌었는데 화가에 대해 조금이나마 알게 된 후엔 그 작품들이 다르게 보이더라고요. 힘든 과정 속에서도 작품을 놓지 않고 자신의 열정을 다하는 쿠사마 야요이가 대단하게 느껴지기도 했고요. '미술은 그 작품만 보는 것이 아니구나'라는 것을 배울 수 있었던 것 같아요. 선생님이 느낀 것이 바로 사람들이 미술관에 가는 이유 중 하나가 아닐까요?

나는 나를 예술가라고 생각하지 않는다. 나는 유년시절에 시작되었던 장애를 극복하기 위하여 예술을 추구할 뿐이다.

— 쿠사마 야요이

조선 시대로 타임 슬립 Time Slip 하다!

　　선생님이 조선 시대 풍속 화가들의 작품을 보러 미술관에 갔던 적이 있었어요. 그때도 방학 기간이라 아이들과 함께 갔었어요. 책에서만 보던 18세기 화가 신윤복의 그림들을 여러 점 볼 수 있었는데 선생님의 발길을 잡은 한 작품이 있었답니다. 바로 〈미인도〉라는 그림이에요. 그 그림 앞에서 한참을 서서 바라보았어요. 선생님도 처음 느껴보는 기분이라 지금 생각해도 신기하다는 생각이 들어요. 선생님이 한참을 서 있으니 선생님 딸도 옆에 섰어요. 그리고 둘이 서서 이야기를 나누었어요.

　　"서현아, 이 여인은 누구길래 화가가 그린 걸까?"

　　"화가가 좋아했던 사람이 아닐까?"

　　"그럴 수도 있겠다."

　　"엄마는 이 여인을 보고 있으니까 마치 살아 있는 사람처럼 느껴져서 자꾸 보고 있게 되네. 머리카락도 새까맣고 윤기가 흐르는 것 같고, 얼굴도 하얗고 눈이 크지는 않지만 참 예쁜 사람 같아."

　　"응, 엄마 내가 봐도 예쁜 것 같아."

　　"그런데 뭔가 표정은 기쁜 것 같지는 않아. 걱정이 담긴 얼굴 같기도 하고, 자세도 불편해 보이고…."

"엄마, 저 여인은 자신을 그리는 걸 원하지 않았던 건 아닐까?"

"그럴 수도 있겠다. 썩 기분이 좋아 보이지 않아."

"근데 화가가 참 잘 그리긴 했다. 조선 시대 3대 풍속 화가라는 말을 들을 만한 것 같아."

마치 조선 시대, 신윤복 화가가 저 여인을 그리는 장소에 나도 함께 있는 것 같은 느낌이 들었어요. 그 장면이 상상이 되면서 신기한 기분도 들고 화가가 붓을 들고 섬세하게 선 하나하나를 긋는 모습이 눈앞에 펼쳐지는 것 같았답니다. 선생님과 딸은 그렇게 한참을 〈미인도〉 앞에 서서 상상의 나래를 펼치며 이런저런 이야기를 나누었답니다.

미술 작품은 사람들로 하여금 그 작품이 그려졌던 상황, 그 작품에 대해 상상하게 해주는 묘한 힘을 가지고 있다는 생각을 했어요. 신윤복의 그림을 감상할 수 있었던 그 전시회는 선생님과 아이들이 작품을 보면서 재미있는 상상을 하며 많은 이야기를 하게 해준 것 같아 지금도 기억에 남아요.

선생님과 같은 경험을 한 번쯤 해본 사람이라면 또 미술관에 가고 싶은 생각이 들지 않을까요? 선생님은 그랬거든요. 바로 이런 점이 미술 작품이 가진 보이지 않는 힘이고, 사람들이 미술관을 찾게 되는 이유, 또 우리가 미술관에 가야 하는 이유라고 생각해요.

미술관에서 행복함을 느끼다!

이번에는 스페인의 화가 에바 알머슨의 전시회를 소개할까 해요. 이 그림은 여러분도 한 번쯤 본 적이 있을 거예요. 에바 알머슨의 그림은 전시회에 가기 전부터 알고 있었고 전시회가 열리는 것을 알게 되었을 때 반가운 마음으로 딸과 함께 갔었죠.

이 화가의 그림은 화려한 색감의 꽃이 아름답다는 생각이 들고, 작품 속 웃고 있는 사람의 표정이 정감이 가고 보기만 해도 기분이 좋아져요. 그리고 '사랑과 행복을 그리는 화가'라는 별명처럼 작품을 보고 있으면 그림 속 주인공의 행복이 나에게도 전해져 행복감이 내 몸속에 가득 채워지는 기분이었답니다.

딸도 연신 "예쁘다"라는 말을 하면서 전시회장을 열심히 다니면서 감상을 하고 에바 알머슨의 그림이 그려진 천 필통도 사 온 기억이 나네요. 이렇게 그림을 보며 아름다움과 행복감을 느낄 수 있는 것도 미술 작품만이 가진 가치라고 할 수 있겠죠.

미술관에서 아름다움을 찾고, 행복을 느낄 수 있게 되길 바라요!

여러분, 선생님의 미술관 경험담을 듣고 난 소감은 어떤가요? 여전히 미술관은 이해할 수 없는 작품이 전시되어 지루하고 어려운 곳이라는 생각인가요? 미술관에서 작품을 감상하면서 한 가지라도 호기심과 궁금증이 생기고, 작품을 보면서 함께 간 사람과 대화를 나누고, 작품을 보면서 아름다움과 기분 좋은 행복감을 느낀다면 미술관에 전시된 작품을 제대로 즐기고 온 것이라고 생각해요. 미술관에서 작품을 보며 함께 간 사람과 소통한 일, 작품이 나에게 주는 아름다움과 행복감이 사람들이 미술관을 찾게 하는 이유가 아닐까요?

미술관 도슨트 docent의 도움받기

도슨트는 미술관이나 박물관에서 관람객들에게 전시물을 설명하는 안내인, 쉽게 말하면 그림을 읽어주는 역할을 한다고 말할 수 있어요. 어린이 여러분 중 미술관에 가는 것을 별로 좋아하지 않는 친구가 있다면 도슨트의 설명을 들으며 작품을 감상하는 것을 적극 추천해요. 도슨트의 역할이 미술 작품에 대해 쉽게 설명해 주어 관람객들이 그림을 이해하는 데 도움을 주고 미술 작품에 관심을 가지고 좋아하게 만드는 것이라 할 수 있기 때문이에요.

 함께 살펴보면 좋아요

교과서 5학년 《미술》 9단원 〈작품 속으로 한 걸음 더〉
내용과 형식으로 질문하며 감상하기를 공부할 때 함께 살펴보아요.

인물탐구

이 시대의 예술가
아름다운 마음으로 작품을 바라볼 수 있도록, 작품을 친근하게 느낄 수 있도록 도와주시는 도슨트

채보미

 여러분은 미술관에 가본 적이 있나요? 유명한 작가들의 작품을 보면 어떤 생각이 드나요? 작가가 작품을 통해 우리에게 전하고 싶은 메시지를 이해한다면 우리는 작품에 한 걸음 더 다가갈 수 있을 것이라고 생각합니다. 작품과 관람자 사이에 다리를 놓아 어렵다고 느낄 수 있는 예술의 세계에 가깝게 다가갈 수 있도록 도와주시는 채보미 도슨트를 소개하고자 합니다.

Q 도슨트님 간단히 소개 부탁드립니다.

 안녕하세요. 도슨트 채보미입니다. 저는 어린 시절부터 그림을 그리고 미술 작품 감상하는 활동을 좋아했습니다. 미술 대학에 진학해 그림을 그렸고, 미술 선생님의 꿈을 키웠습니다. 그림을 감상하고 설명하는 일이 곧 제 취미이기도 합니다. 그래서 늘 행복하게 관람객들과 소통하며, 모든 사람이 예술을 즐길 수 있도록 재미있고 다채롭게 예술 이야기를 전하고 있습니다.

Q 미술관에서 '도슨트'는 어떤 역할을 하시나요?

도슨트docent는 '가르치다'라는 뜻의 라틴어 'docere'에서 유래되었고, 미술관에서 작품을 쉽게 접할 수 있게 가르치는 '미술관 선생님'입니다. 화가의 어린 시절부터 어른이 되어가는 과정, 화가가 살던 시기에 어떤 일이 있었는지, 화가는 왜 그림을 그렸는지, 어떤 재료로 표현했는지 여러 이야기를 설명하며 관람객들이 풍부하게 감상하는 데 도움을 드리고 있습니다.

Q '도슨트'라는 직업에 관심을 가지게 된 계기와 '도슨트'가 되기까지 어떤 과정과 노력이 있었는지 궁금합니다.

가장 못 하는 활동이 제일 잘하는 일이 되었습니다. 초등학생 때부터 발표할 때마다 목소리가 떨려서 제 별명은 '양', '염소'였어요. 대학생 때, 여전히 떨리는 목소리로 발표를 하고 강의실에서 나온 날, 결심했습니다. '내 목소리가 떨리는 원인을 찾아보자!' 먼저 이비인후과에 갔습니다. 병원에서 진단받았는데 아무 문제가 없었고, 연습만이 해결 방법이었습니다. 발표하기 전에 여러 차례 연습 후 발표했고, 서서히 떨리는 목소리가 없어지기 시작했습니다. 사람들 앞에서 설명하는 일에 자신감도 생겼어요. 더 잘하고 싶은 욕심이 들어, 스피치 학원에 다니며 좋은 소리로 말할 수 있는 훈련을 하며 노력했습니다. 힘들었던 '발표'가 오히려 가장 잘하고 재미있는 활동이 된 점이 도슨트가 될 수 있던 발판이 되었습니다.

또한 어린 시절부터 미술 선생님이 되고 싶은 꿈이 있었습니다. 학교 미술 선생님이 되기 위한 준비도 하고, 공부해서 시험을 봤는데 아쉽게도 선생님이 될 수 없었습니다. 다른 꿈을 찾기 위해 많은 경험을 했습니다. 미술관을 많이 다니다 알게 된 '도슨트'라는 직업에 도전해 보았습니다. 작품에 대해 설명하기 위해 공부하는 시간이 즐거웠고, 도슨트 시간은 행복했습니다. 도슨트로서 성장하기 위해 노력을 했고, 지금은 다양한 전시회에서 활발하게 활동할 수 있게 되었습니다.

Q 다양한 전시회에서 활발하게 활동하고 계신데, 전시된 작품에 대해 관람자들에게 안내하기 위해서 어떤 준비를 하시나요?

첫 번째는 작가와 작품, 시대적 배경 등 관련된 많은 내용을 공부해야 합니다. 해설을 맡게 된 전시가 정해지면, 작가에 관련된 자료와 책을 최대한 많이 찾아 읽고, 해외 자료나 작가의 인터뷰 내용도 참고합니다.

두 번째는 내가 설명할 내용을 글로 작성합니다. '관람객들은 어떤 부분이 궁금할까?'라는 생각을 먼저 합니다. 그리고 어린이부터 어른까지 전 연령의 관람객들이 흥미롭게 느낄 수

있는 내용으로 구성하며, 우리의 삶과 연결될 수 있는 교육적
인 부분도 꼭 전달하려고 합니다.
세 번째는 자신감입니다. 자신감을 갖기 위해서는 많은 자료
조사, 공부, 숙지, 연습이 필요합니다.

Q '도슨트'님께서 가장 좋아하시는 작가 또는 작품, 기억에 남는
전시회가 있다면 소개해 주세요.

저는 '호안 미로' 작가를 좋아했는데, 〈호안 미로 : 여인, 새, 별〉
전시 도슨트를 맡게 되어 행복했습니다. 호안 미로는 피카소,
살바도르 달리와 함께하는 스페인의 3대 거장입니다. 20세기
화가로서 전쟁과 혼란의 시기를 겪으면서도, 꿋꿋이 작업 활
동을 하며 늘 아이들의 따뜻한 동심과 꿈의 세상을 마음에
간직했던 예술가였습니다. 호안 미로는 자신의 꿈을 색으로
도 표현했었는데, 여러분들의 꿈의 색은 어떤 색인가요?

Q '도슨트'님께서 전시회 관람자들에게 작품을 설명하실 때 중요
하게 생각하는 부분은 어떤 것인가요?

첫째, 도슨트는 관람객과 소통해야 합니다. 꼭 관람객들의 눈
빛을 바라보며 대화하듯 이야기를 이어 나가야 합니다.
둘째, 좋은 전달력을 가져야 합니다. 너무 빠르게 말하고 있
는 것은 아닌지, 발음을 정확히 하고 있는지, 화가의 마음에

감정이입을 해서 작품을 설명하는지, 비언어적인 부분들 표정, 손짓 모두 고려하며 진행합니다. 그래서 종종 도슨트 하는 제 목소리를 녹음해서 들어보기도 합니다.

Q '도슨트'로 활동하시면서 보람을 느끼실 때는 언제인지, 어려움을 느끼실 때는 언제인지 말씀해 주세요.

어린이 친구들은 1시간 동안 서서 전시 관람하는 것이 힘들 수도 있는데, 끝까지 집중해서 듣고, 제 질문에 대한 답도 열심히 하는 친구들에게 가장 감동합니다. 한 친구는 가방에서 소중하게 여겼던 과자를 꺼내서 제 손에 주면서 "재미있게 잘 들었어요."라고 이야기했습니다. 어린이들의 초롱초롱한 눈빛과 따뜻한 마음에 가장 감동합니다. 그래서 늘 최선을 다하고 있어요.

어려움을 느낄 때는, 몸이 아플 때입니다. 감기에 걸리거나 몸이 아프면 일을 할 수 없습니다. 그래서 늘 운동을 꾸준히 하면서 체력 관리에도 힘쓰고 있어요. 말을 많이 하는 직업이기 때문에 목소리 관리를 잘해야 해요. 특히 겨울에는 목을 따뜻하게 감싸고 다니고, 바르게 목소리 내는 훈련을 주기적으로 하고 있습니다.

Q 일반인들에게 작가들의 작품은 어렵게 느껴질 때가 많습니다. 전시회에서 작품을 감상할 때 어떤 점을 생각하며 감상하면 작품을 이해하는 데 도움이 될까요?

작품을 바라볼 때, 떠오르는 자신의 생각을 펼쳐 나가는 것이 미술 작품의 감상입니다. 세모, 네모, 선 도형의 모습이 보이기도 하고, 어렸을 때의 기억이 떠오를 수도 있고, 여행 갔을 때 봤던 풍경이 생각날 수도 있습니다. 먼저 순수한 마음으로 작품을 감상하는 것을 추천해요. 그 이후에 도슨트 선생님의 설명을 들으면 화가가 어떤 삶을 살았는지, 그림을 그렸던 시기는 어땠는지 화가의 마음을 이해할 수 있어서 더 풍부한 상상을 하는 데 도움이 됩니다.

Q '도슨트'라는 직업에 대해 관심을 가지고 '도슨트'가 되기를 희망하는 어린이들은 어떤 준비를 하면 좋을까요?

미술 교과서도 열심히 보고, 미술관, 박물관에 다니면서 예술에 대한 관심을 높이는 것이 가장 중요합니다.
저학년 친구들은 미술 수업 시간에 그린 내 작품과 친구들의 작품을 바라보며 이야기 나누면 좋겠어요. 미술이 어렵지 않다는 점, 우리 모두 함께 즐길 수 있다는 점을 기억하면서 말이에요.
고학년 친구들은 주변에 있는 미술관, 박물관의 작품을 교과서나 책, 인터넷의 자료로 미리 공부해서 가족들, 친구들에게 설명하며 같이 감상하는 활동을 하면 좋을 것 같아요. 만약 미술관 박물관에 어린이 도슨트 양성 프로그램이 있다면, 수업을 들으며 선생님의 가르침을 받는 것도 좋아요.

Q 책을 읽고 있는 어린이들이 미술관에 가서 전시회를 관람할 때 당부하고 싶은 점이 있다면 말씀해주세요.

전시장 관람 예절을 잘 지키는 것이 중요합니다. 많은 관람객이 함께하는 공간이기 때문에 뛰어다니거나 큰 소리를 내는 것을 조심해야 해요. 작품에 너무 가까이 가지 않도록 하고 작품을 소중히 여기는 마음을 가져야 합니다.
여러 작품을 바라보면 내 마음에 드는 작품이 있을 수도 있고, 이해되지 않는 작품이 있을 수 있는데, 모두 열린 마음으로 바라보면 좋겠어요. '작가는 어떤 생각을 하며 표현했을까?', '이 색을 사용한 이유는 무엇일까?', '나라면 어떻게 그렸을까?' 친구나 가족의 의견도 들어보며 이야기를 나누면 처음에는 관심 없던 작품도 점점 매력적으로 느낄 수 있어요.
집에 돌아가서 가장 기억에 남는 한 작품을 떠올립니다. 작품에서 영감을 받아 나만의 방식으로 그리거나 만들어보는 활동을 해본다면, 예술의 세계에 가깝게 다가와 있는 자신을 바라볼 수 있을 것입니다.

초등학교 선생님들이 들려주는
세상을 바라보는 공정한 눈

초판 1쇄 발행 _ 2024년 3월 15일
초판 2쇄 발행 _ 2025년 3월 20일

지은이 _ 권유지, 이연화, 조선순, 최문희
그린이 _ 박시원
기획 _ 최문희

펴낸곳 _ 여우고개
펴낸이 _ 박관이
책임 편집 _ 김태윤
책임 디자인 _ 이민영, 이정은

ISBN _ 978-89-92855-54-9 73030

등록 _ 1999. 04. 16 | 제2-2799호

서울시 영등포구 선유로49길 23 아이에스비즈타워2차 1005호
편집 02)333-0812 | 마케팅 02)333-9918 | 팩스 02)333-9960
이메일 bybooks85@gmail.com
블로그 https://blog.naver.com/bybooks85

책값은 뒤표지에 있습니다.
여우고개는 아이들이 잃어버린 상상의 세계, 사회를 깊이 바라보는 창입니다.

어린이제품 안전특별법에 의한 표시사항

제조자명 여우고개 제조국 대한민국 사용연령 10~15세 제조년월 판권에 별도 표기
주소 서울시 영등포구 선유로49길 23 1005호 연락처 02-333-0812
⚠️주의사항 책 모서리나 종이에 긁히거나 베이지 않게 조심하세요.